# LES
# DÉBUTS DU MONACHISME
## À CONSTANTINOPLE

PAR

## J. PARGOIRE

DES AUGUSTINS DE L'ASSOMPTION

Extrait de la *Revue des questions historiques.* — Janvier 1899

PARIS

AUX BUREAUX DE LA REVUE

5, RUE SAINT-SIMON, 5

1899

# LES
# DÉBUTS DU MONACHISME
## A CONSTANTINOPLE

PAR

## J. PARGOIRE

DES AUGUSTINS DE L'ASSOMPTION

---

Extrait de la *Revue des questions historiques*. — Janvier 1899

---

## PARIS
### AUX BUREAUX DE LA REVUE
5, RUE SAINT-SIMON, 5

—

**1899**

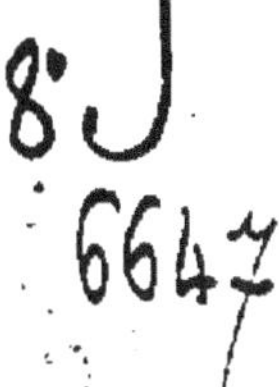

# LES DÉBUTS DU MONACHISME

## A CONSTANTINOPLE

Le monachisme, on le sait, continue toujours à nous dérober, au moins en partie, ses origines et ses progrès. Qui pourrait se flatter de l'avoir surpris en son premier berceau, de l'avoir suivi pas à pas dans ses développements successifs? L'étudier à Constantinople, de 330 à 450, est une besogne considérablement ingrate.

De prime abord, on ne le croirait pas ; il n'est rien pourtant de plus vrai. Les ténèbres qui planaient sur les déserts d'Égypte se dissipent à la lumière des documents coptes; le brouillard qui flottait sur les rives de l'Euphrate s'évanouit au rayonnement des manuscrits syriaques : pour la capitale, rien de pareil. Les auteurs byzantins sont les seuls à nous en parler. Et comment le font-ils? Presque toujours d'une manière incidente et sans le moindre esprit de critique. S'il suffit d'un hagiographe comme Cyrille de Scythopolis pour nous rendre à peu près familières deux ou trois générations de moines palestiniens, c'est dans une foule d'auteurs, trop souvent tardifs, qu'il faut péniblement glaner de quoi reconstituer à grands traits le premier chapitre de la vie religieuse à Constantinople.

Cette pénurie presque absolue de pièces contemporaines est mal compensée par le grand nombre de renseignements que fournissent les écrivains postérieurs. Ceux-ci subissent trop l'influence du milieu où ils vivent. Pour eux, la nouvelle Rome a définitivement remplacé l'ancienne à la tête du monde; ils lui veulent toutes les gloires, ils lui veulent surtout des origines chrétiennes aussi nobles que faire se peut. Et tous, d'un commun accord, travaillent à reporter plus avant dans l'antiquité

les commencements de leur chère Église constantinopolitaine.
Sur le terrain de la hiérarchie, ces efforts aboutissent, avec le
pseudo-Dorothée de Tyr, à la confection du fameux catalogue
épiscopal, où l'un des douze, André le Protoclite, tient le premier rang, catalogue apocryphe s'il en fut, mais toujours
vénéré comme lettre d'Évangile par les successeurs de Photius. Sur le terrain du monachisme, cette tendance prend des
proportions telles que la ville de Constantin nous est repré-
sentée, dès sa fondation, comme une ruche de vierges et de
cénobites.

Pauvreté des sources contemporaines, esprit tendancieux des
données postérieures, tels sont, pour le redire en un mot, les
deux obstacles qui s'opposent à l'examen du monachisme primitif de Constantinople. Cette étude cependant ne saurait manquer
d'intéresser l'histoire. Qu'il me soit permis, sinon de l'approfon-
dir, du moins de l'esquisser en ces quelques pages.

## I. — AVANT CONSTANTIN

Avant d'élever une construction sérieuse, il convient de pré-
parer l'emplacement; avant de jeter à Constantinople les bases
des monastères vraiment historiques, commençons par déblayer
le terrain.

La vie religieuse précéda-t-elle Constantin sur les rives du
Bosphore? Que l'antique Byzance ait possédé, comme tant d'autres villes, ses *monazontes* et ses *parthenae*, il n'y a rien là de
probable, rien non plus d'impossible. Mais la question porte
sur un autre point et peut se formuler plus exactement en ces
termes : Byzance vit-elle, avant Constantin, un monastère s'élever dans ses murs?

Un auteur récent, M. l'abbé Marin, l'a pensé dans son ouvrage
sur les *Moines de Constantinople*. Ce livre, destiné à rendre de
si grands services, débute ainsi : « Vers le milieu du IIIe siècle,
avant l'époque où naquit sur les bords du Nil le premier et le
plus illustre propagateur de la vie érémitique, Antoine le Grand,
dont les vertus et les leçons devaient peupler d'anachorètes les
solitudes de l'Égypte, un monastère s'élevait déjà, au témoignage des deux Nicéphore, dans l'antique Byzance, sur la col-
line abrupte du Pétrion. L'évêque Castinus l'avait fondé vers 240,

la première année de son épiscopat, et dédié à sainte Euphémie,
la grande et très illustre martyre de Chalcédoine [1].... »

Cette phrase me paraît de tous points malheureuse. Les deux
Nicéphore, auxquels elle en appelle, ne parlent ni l'un ni l'autre
d'un monastère. Dans le premier, il s'agit d'un εὐκτήριον [2]; dans
le second, d'un ναός et d'un τέμενος [3]. Les deux mots ναός et τέμενος
désignent tout simplement un temple; ils s'appliquent à tout
édifice du culte, païen ou chrétien, quelles que soient d'ailleurs
ses dimensions. Le terme d'εὐκτήριον, au contraire, — et l'on doit
en dire autant de son correspondant : εὐκτήριος οἶκος, — entraîne
le plus souvent avec lui une idée de petitesse. Malgré l'expression
μεγίστους εὐκτηρίους de Sozomène [4], dans le fait comme par
l'étymologie, il correspond exactement au mot français *oratoire*.

Rien de plus instructif à cet égard que la vie de saint Hypace [5].
Hypace habite une localité qui possède simultanément deux
églises, l'une, très petite, située au milieu des cellules religieuses, l'autre, fort grande, dédiée aux saints apôtres Pierre et
Paul. L'hagiographe veut-il désigner celle-ci? il écrit μαρτύριον
ou ἀποστολεῖον, ou bien même il emploie une périphrase. Veut-il
désigner celle-là ? il écrit simplement εὐκτήριον, sans ajouter la
moindre indication plus précise. En agirait-il de la sorte si le
terme d'εὐκτήριον pouvait s'appliquer également aux grands édifices du culte?

Ceci d'ailleurs importe peu à notre sujet. Le tort de M. l'abbé
Marin est d'avoir traduit le terme grec par *maison de prière*,
avec le sens de *couvent*, de *monastère*. Jamais εὐκτήριον n'a si-
gnifié *maison religieuse*. Dans sa *Constantinopolis christiana*,
du Cange le définit ainsi : « Oratoria, seu εὐκτήρια, proprie appel-
lantur aedes sacrae privatae, quae nec usui publico, ut sunt ca-
tholicae, nec ad monasterii usum excitatae erant [6]. » Je me gar-
derais bien d'affirmer que cette définition est exacte, surtout
dans sa dernière partie ; je dirai même que je lui préfère, et de

[1] E. Marin, *Les Moines de Constantinople*. Paris, 1897, p. 3.
[2] Niceph. Patr., *Chronogr. brevis*. Migne, *P. G.*, t. C, col. 1044 c.
[3] Niceph. Call., *Hist. Eccl.*, VIII, 6. Migne, *P. G.*, t. CXLVI, col. 29 b.
[4] Sozom., *Hist. Eccl.*, II, 3. Migne, *P. G.*, t. LXVII, col. 940 b.
[5] Callinici, *De Vita S. Hypatii* lib. ediderunt seminarii philolog. Bonnen-
sis sodales. Lipsiae, 1895, *passim*.
[6] L. III, éd. de Venise, p. 3 a.

beaucoup, l'explication plus brève insérée dans le *Glossaire*. Là du Cange écrit : « Εὐκτήριον : aedes sacra, oratorium [1] ; » et tel est bien le vrai sens du mot. Celui de monastère ne lui convient d'aucune façon.

On ne saurait en douter après avoir lu, ne serait-ce qu'en passant, les auteurs grecs ou byzantins. Désire-t-on deux ou trois exemples, empruntés à Callinique ? Cet hagiographe, qui écrivait de 447 à 450, à deux pas de Constantinople, est un des rares flambeaux allumés au seuil du monachisme byzantin. J'ai déjà fait appel à son petit ouvrage; j'aurai souvent à le citer. Au moment où son héros, saint Hypace, arrive à Rufinianes, il nous dépeint, en quelques mots, la demeure du saint. D'après sa description [2], le monastère comprend, en dehors d'un jardin, une cour intérieure autour de laquelle sont disposés des cellules et un εὐκτήριος οἶκος. N'est-ce pas une preuve que l'εὐκτήριος οἶκος est une partie du monastère et non pas le monastère lui-même ? Hypace s'installe avec ses deux compagnons dans une des cellules, mais c'est dans l'εὐκτήριον qu'ils font tous les trois leurs prières. N'est-ce pas une preuve que l'εὐκτήριον est la chapelle du monastère et non pas le monastère lui-même ? Callinique, d'ailleurs, indique expressément cette distinction, lorsqu'il fait ensevelir son illustre higoumène ἐν τῷ σεπτῷ εὐκτηρίῳ τοῦ αὐτοῦ μοναστηρίου [3], c'est-à-dire dans l'oratoire de la communauté. Si l'on suivait le sens adopté par M. l'abbé Marin, il faudrait traduire : *dans le monastère du monastère*.

Ce qui précède, — sans l'appuyer sur une foule d'autres textes qu'il serait facile d'accumuler, si pareille démonstration n'était superflue, — ce qui précède m'autorise à dire que jamais Castinus n'a bâti de maison religieuse au Pétrion. Je crois même ne pas manquer de prudence en lui déniant la paternité de l'église Sainte-Euphémie, qui s'éleva, plusieurs siècles durant, dans ce quartier de Constantinople. Pour agir, il faut exister : Castinus a-t-il réellement vécu ? Son nom, qui se transforme parfois en celui de Cestenus et de Constantin, se recommande mal à l'indulgence de la critique. Il n'apparaît qu'en des catalogues tardifs, qu'en des chroniques non moins tardives, toujours,

[1] *Sub verbo*.
[2] P. 19.
[3] *Op. cit.*, p. 106.

presque toujours flanqué de la même phrase en guise de notice. C'est assez dire que l'infortuné prélat porte avec lui tous les caractères d'un personnage mythique.

Il y a plus. Même en fermant les yeux sur le côté tout à fait problématique de son existence, Castinus se trouve en fort mauvaise posture vis-à-vis de la chronologie. Ceux qui l'ont introduit ou qui le maintiennent sur la scène de l'histoire assignent comme point de départ à son épiscopat une date septuple qui flotte tout à son aise entre les années 230 et 269 [1]. De ces deux points extrêmes, le dernier ne s'accorde guère, il faut l'avouer, avec les catalogues patriarcaux qui réclament généralement près de soixante-dix ans d'intervalle entre l'avènement de Castinus et celui de saint Métrophane. Acceptons-le cependant pour ce qu'il vaut. Castinus, ainsi rajeuni, en sera-t-il plus à même de bâtir une chapelle à sainte Euphémie ? Euphémie subit le martyre en 307, d'autres disent en 304, d'autres en 311. Victime de Dioclétien, de Galère ou de Maximin, peu importe ; elle appartient toujours par sa mort au commencement du IVe siècle, et par suite elle ne saurait avoir été honorée au Pétrion une demi-douzaine de lustres auparavant. Elle confessa le Christ, dit-on, dans la première fleur de sa jeunesse. A ce compte, vers 240, tandis qu'on élevait, d'après *les Moines de Constantinople*, un édifice en l'honneur de sainte Euphémie, les père et mère de cette Euphémie, Psilophron et Théodorésiane, étaient encore eux-mêmes à naître fort probablement.

Ainsi l'oratoire du Pétrion n'est pas aussi ancien qu'on veut bien le dire. Je ne répéterai pas, à la suite des *Patria* [2] et de Codinus [3], qu'il eut Anastase Ier (491-518) pour fondateur, puisque l'histoire [4] le mentionne sous le règne de Théodose le Grand (379-395) ; mais je ne saurais non plus l'admettre avant 310.

Plusieurs fois restaurée, l'église Sainte-Euphémie du Pétrion survécut jusqu'au milieu du xe siècle. Soixante ans plus tôt il s'y trouvait joint un couvent de religieuses, où les filles de Basile Ier (867-886) et la femme de Léon VI (886-912) se virent forcées de prendre le voile. Le fondateur de ce couvent serait,

[1] M. Γεδεών · Πατριαρχικοί πίνακες. Constantinople, 1890, p. 102 et 103.
[2] Anonyme, *Origines de Constantinople*. Migne, *P. G.*, t. CXXII, col. 1215 b.
[3] G. Codinus, *De Aedificiis*. Migne, *P. G.*, t. CLVII, col. 572 c.
[4] Théod. le Lecteur, *Hist. Eccl.*, II. Migne, *P. G.*, t. LXXXVI, col. 213 a.

au dire des *Origines* [1] et de Codinus [2], l'empereur Basile en
personne. Qu'on l'admette ou non, nous n'en sommes pas moins
à plusieurs siècles de Castinus, fort autorisés à dire que jamais
cloître n'encombra le Pétrion au III° siècle.

## II. — Sous Constantin

Si l'on en croit certains auteurs grecs, Constantinople devrait
à son impérial fondateur la meilleure partie de ses monuments
religieux, de ses églises, aussi bien que de ses couvents. On
peut douter à bon droit qu'il en soit vraiment ainsi, et des contradicteurs s'élèveront contre la phrase de M. l'abbé Marin qui
dit : « Depuis la fondation de la ville jusqu'à la mort de Constantin, 337, en moins de sept années, quinze monastères, dont
les noms sont arrivés jusqu'à nous, avaient été bâtis [3]. »

Ces monastères d'une antiquité si vénérable sont énumérés
dans les premières pages des *Moines de Constantinople*. Tout
compte fait, ils se réduisent aux quatorze suivants :

A) 1. M. des saints martyrs Mocius, Acace, Agathonice et Mé-
        nas.

   2. M. Saint-Michel Archange, à l'Anaple.

   3. M. Saint-Diomède, martyr.

   4. M. Sainte-Euphémie de l'Hippodrome.

B) 5. M. de Bethléem.

   6. M. de Gastria.

   7. M. des saints martyrs Carpus et Babylas.

   8. M. Saint-Théodore εἰς τὰ Κλαυδίου.

   9. M. Saint-Romain.

  10. M. de Psamathia.

C) 11. M. des Pélamides.

  12. M. de Callistrate.

  13. M. de Florentius.

  14. M. des Abrahamites ou de l'Ἀχειροποιήτου.

Ils forment trois groupes distincts, suivant qu'ils sont l'œuvre de l'empereur, de sa mère ou de simples particuliers. Sans
regarder si le dernier de la liste est bien dans le groupe qui lui

[1] Migne, *P. G.*, t. CXXII, col. 1249 *b*.
[2] Migne, *P. G.*, t. CLVII, col. 605 *a*.
[3] *Op. cit.*, p. 8.

convient, je demande la permission de les passer rapidement en revue et de jeter un coup d'œil sur leurs assises. A cet examen, on constatera peut-être qu'ils reposent pour la plupart sur des bases ruineuses, et qu'il suffit de souffler sur plusieurs d'entre eux pour les démolir de fond en comble, tout au moins pour les déplacer tantôt de quelques années, tantôt de quelques siècles.

### A) *Monastères de Constantin.*

**1.** *Monastère des saints martyrs Mocius, Acace, Agathonice et Ménas.* — Aucune église, aucune maison religieuse n'a jamais été placée à Constantinople sous la commune invocation de ces quatre saints. Pour trouver des monuments élevés en leur honneur, il faut les prendre séparément.

*a) Saint Acace.* — L'édifice ou plutôt les deux édifices consacrés à la mémoire de saint Acace, martyr, se rattachent, dit-on, au nom des bâtisseurs les plus fameux : Constantin le Grand, Justinien et Basile Iᵉʳ. Il en est fait de fréquentes mentions dans l'histoire byzantine, depuis le règne de Constance jusqu'au xiiiᵉ siècle ; mais, à aucune époque de leur existence, ils ne sont présentés avec le caractère de maison religieuse. Du Cange a réuni les principaux textes qui les concernent [1] : on y trouve les noms d'oratoire, de martyrium, de temple, d'église, jamais celui de monastère.

*b) Saint Agathonice.* — Un examen de même nature, fait sous le nom de saint Agathonice [2], conduit absolument au même résultat. Ici comme là, nul auteur ne parle de couvent.

*c) Saint Ménas.* — Il faut en dire autant, si l'on se reporte au nom de saint Ménas [3]. La ville possédait une église, et peut-être aussi une chapelle, affectées au culte du saint martyr; elle ne possédait pas autre chose. Vers 425, l'archimandrite Alexandre établit quelque temps ses religieux aux environs, mais l'on ne sait comment s'appela son cloître éphémère.

*d) Saint Mocius.* — Les reliques de Mocius trouvèrent de bonne heure, à Constantinople, une église pour les contenir, une église vaste et fameuse qui dut, paraît-il, comme tant d'autres, ses

---

[1] *Constantinopolis christiana,* L. IV, p. 80.
[2] *Id.,* L. IV, p. 81.
[3] *Id.,* L. IV, p. 88.

splendeurs successives au triumvirat des grands constructeurs couronnés : Constantin I<sup>er</sup>, Justinien I<sup>er</sup>, Basile I<sup>er</sup> [1]. Elle s'élevait au Xérolophos, près de la citerne mocienne qui existe encore aujourd'hui sous le nom turc de Tchoukour-Bostan. Un jour, des moines vinrent s'abriter à l'ombre de ses murailles, mais ce jour ne brilla pas avant la dynastie macédonienne, c'est-à-dire assez tard après Constantin.

Le monastère des saints martyrs Mocius, Acace, Agathonice et Ménas est donc à retrancher du groupe constantinien.

**2. *Monastère Saint-Michel Archange, à l'Anaple*. —** Appliqué au Bosphore, le mot Ἀνάπλους revêt plusieurs acceptions. Sans les énumérer toutes, il me suffira de dire qu'il désigne, chez les auteurs byzantins, tantôt la côte européenne du canal et tantôt une localité de cette côte. C'est dans le premier sens qu'il faut le prendre lorsqu'il s'agit du monastère Saint-Michel. Ce monastère, je le montre ailleurs [2], est unique, quel que soit le nom sous lequel les auteurs en parlent, et son emplacement doit être cherché au bord de la baie de Sosthène, à la moderne Sténia.

Il apparaît fort tard dans l'histoire. Basile I<sup>er</sup>, préoccupé d'expier le meurtre de son prédécesseur Michel III l'Ivrogne, s'efforça, durant un règne brillant, de multiplier les preuves de sa dévotion vis-à-vis de l'archange Michel. Il rebâtit magnifiquement le sanctuaire sosthénien [3], dont Malalas raconte un peu naïvement l'origine légendaire [4], mais dont il atteste, du moins, l'existence en 515, sous le règne du premier Anastase [5]. Le restaurateur macédonien plaça-t-il des moines auprès de l'église renouvelée par lui ? Il serait conforme à ses habitudes bien connues d'en avoir agi de la sorte, mais on ne saurait l'affirmer, à défaut de tout document. Quoi qu'il en soit, le monastère existe sous Basile II le Bulgaroctone, qui lui octroie un Typikon [6]. Jean Mavropus, évêque d'Euchaïta, tourne quelques ïambes à l'occasion des

---

[1] *Const. christ.*, l. IV, p. 89.

[2] Ce travail paraîtra prochainement dans l'*Annuaire de l'Institut archéologique russe* de Constantinople.

[3] Theoph. Contin., *Vie de Basile le Macédonien*, l. V, n° 94. Migne, *P. G.*, t. CIX, col. 357 a.

[4] Malalas, *Chronograph.*, l. IV. Migne, *P. G.*, t. XCVII, col. 160 b.

[5] Id., l. XVI, col. 598 c, 600 b.

[6] Nicet. Akominatos, *De Isaacio Angelo*, I, 6. Migne, *P. G.*, t. CXXXIX, col. 736 a.

bienfaits dont il est comblé par Constantin IX Monomaque et les deux impératrices Zoé et Théodora [1]. Le patriarche démissionnaire Joseph y est envoyé en exil [2], et son successeur, Jean Veccos, y passe quelques mois de convalescence [3]. Michel VIII Paléologue le range sous la juridiction du patriarche Alexandre d'Alexandrie [4], mais Alexandre de Constantinople, soutenu par Andronic II, ne tarde pas à y rétablir l'autorité du trône œcuménique [5]. En juillet 1337, il reçoit comme supérieur Ignace Calothète [6], puis il tombe silencieusement pour ne plus se relever.

Telle est, en résumé, l'histoire du monastère sosthénien de l'Anaple. Il a fleuri dans le moyen âge, et sa fondation n'a rien de commun avec celle du Michaëlion, bâti par Constantin le Grand. Le monastère Saint-Michel Archange, à l'Anaple, n'est pas un monastère constantinien.

3. *Monastère Saint-Diomède.* — Bâti à l'extrémité sud de la ville et près de la mer, dans le quartier appelé aujourd'hui Yédi-Koulé, Saint-Diomède donna son nom à la célèbre prison byzantine dont les sinistres cachots du château des Sept-Tours perpétuent jusqu'ici le souvenir, comme ils en gardent à peu de chose près l'emplacement. Saint Martin, pontife de la vieille Rome, fut jeté dans cette geôle, et son passage permet de considérer ce coin de terre comme un lieu de pèlerinage. Les vertus du moine y précédèrent-elles l'héroïsme du pape martyr ?

Si l'on en croit Codinus [7] et le tardif Anonyme [8] dont il suit trop fidèlement les traces, l'église Saint-Diomède remonterait aux premières années de Constantinople. Des religieux vivaient à son ombre sous le règne de Basile Ier [9]. En était-il de même quelques années plus tôt, lorsque ce même Basile arriva mourant

---

[1] Epigr. 79. Migne, *P. G.*, t. CXX, col. 1157 a.

[2] G. Pachymère, *De Michaele Palaeologo*, V. 22, 28. Migne, *P. G.*, t. CXLIII, col. 853 b, 869 a. — Nicéph. Grégoras, *Hist. Romaïque*, V, 2. Migne, *P. G.*, t. CXLVIII, col. 264 c.

[3] G. Pachymère, op. cit., V, 28, col. 869 a, 872 a.

[4] G. Pachymère, *De Andronico Pal.*, III, 5. Migne, *P. G.*, t. CXLIV, col. 220 b, 221 a.

[5] Id., VII, 8, col. 636 b.

[6] Miklosich et Müller, *Acta et diplomata gr. Medii Aevi*, t. I, p. 168.

[7] *De Aedificiis Const.* Migne, *P. G.*, t. CLVII, col. 581 b.

[8] *De Antiquit. Const.* Migne, *P. G.*, t. CXXII, col. 1221 d.

[9] Theoph. Cont., *V, Basilius Macedo*, n° 73. Migne, *P. G.*, t. CIX, col. 332 d.

de fatigue et de faim dans la capitale ? Son historien semble l'indiquer [1] ; mais Zonaras [2], après Siméon Magister [3] et Georges le Moine [4], déclare le contraire fort expressément. Ceux-ci parlent d'une *église catholique*, c'est-à-dire paroissiale, et celui-là dit en toutes lettres : « Ce n'était pas encore une chapelle de moines. » Par suite Basile se présente à nous comme le fondateur probable de ce monastère Saint-Diomède, qui fleurit au moyen âge et où le « très saint Athanase » remplissait les fonctions d'higoumène en 1086 [5]. Libre d'ailleurs à qui le voudra de récuser comme erronés les témoignages de Siméon Magister, de Georges le Moine et de Zonaras : il n'en restera pas moins que le couvent de Saint-Diomède ne fait pas son apparition dans l'histoire avant 850.

Je pourrais m'en tenir à cette conclusion qui nous laisse très loin de Constantin. Pour me rapprocher de lui autant que possible, pour faire preuve de bonne volonté, je ne craindrai pas de réduire en un seul, au point de vue du site, sinon du temps, deux monastères que du Cange, et tout le monde après lui, a regardés comme distincts. Leur unification résulte d'un simple rapprochement. D'une part Malalas [6] et Théophane [7] mentionnent un certain lieu nommé Jérusalem qu'ils identifient avec Saint-Diomède. D'autre part, au milieu des souscriptions monastiques de 518 et de 536 figurent celles de Marc et de Pierre, qui s'intitulent l'un et l'autre higoumènes de Jérusalem. Il suit de là que l'empereur Basile 1er, s'il installa vraiment des moines à Saint-Diomède, ne fit que rétablir un état de choses préexistant. Il suit de là que, sous un nom différent, le monastère Saint-Diomède peut se flatter d'être antérieur à Justinien. Peut-il revendiquer aussi facilement une origine constantinienne ? Aucun texte ne l'y autorise et beaucoup le lui interdisent fort expressément. Désireux de ne pas me répéter à chaque ligne, j'apporterai leur témoignage après que nos quatorze monastères auront été chacun l'objet d'un examen particulier. En parcourant


[1] Theoph. Cont., *V, Basilius Macedo*, n° 9. Migne, *P. G.*, t. CIX, col. 237 *d*.
[2] *Annal.*, XVI. 6. Migne, *P. G.*, t. CXXXV. col. 32 *b*.
[3] *Annal. Michael et Theodora.* Migne, *P. G.*, t. CIX, col. 717 *b*.
[4] *Vitae recent. imp.*, n° 9. Migne, *P. G.*, t. CIX, col. 881 *a*.
[5] *Alex. Comneni Novellae, Const.* XXII. Migne, *P. G.*, t. CXXVII, col. 973 *d*.
[6] *Chronographie*, l. XVIII. Migne, *P. G.*, t. XCVII, col. 697 *a* et 712 *b*.
[7] *Chronographie.* Migne, *P. G.*, t. CVIII, col. 517 *b*.

ces preuves plus générales, on se convaincra sans trop de peine, j'aime à le croire, que Saint-Diomède, au moins comme couvent, n'a rien à voir avec Constantin.

4. *Monastère Sainte-Euphémie de l'Hippodrome.* — La même conclusion s'impose, et pour les mêmes raisons, à propos de Sainte-Euphémie de l'Hippodrome. Mentionnée presque à toutes les pages de l'histoire byzantine, attribuée à Constantin par Codinus, désaffectée sous la persécution de Copronyme, relevée aux frais de l'impératrice Irène, cette église n'a peut-être jamais eu de moines à ses côtés. Est-ce d'elle que parle Constantin Porphyrogénète au x° siècle [1]? On ne le saurait dire. Est-ce d'elle qu'il s'agit dans la signature de l'higoumène Dioscore en 536? M. Gédéon, l'auteur de l'*Héortologe de Constantinople*, ne le pense pas : à ses yeux, ce Dioscore appartient à Chalcédoine [2]. Du Cange le déclare, au contraire, supérieur du monastère olybrien et successeur du prêtre Basilisque, abbé de Sainte-Euphémie d'Olybrius en 518 [3]. Que l'on suive du Cange ou M. Gédéon, l'on se trouve également réduit à laisser de côté la maison de l'Hippodrome. Peu importe d'ailleurs que cette maison fût un centre de vie religieuse au vi° siècle. Il suffit ici de faire observer que, jusqu'à cette date, elle apparaît dans les auteurs avec le seul titre d'église. Comme pour Saint-Diomède, des preuves positives viendront montrer en leur temps que le monastère euphémien de l'Hippodrome, si monastère il y a eu, doit forcément se placer après Théodose le Grand.

Somme toute, des quatre couvents attribués à la munificence de Constantin, il n'en reste pas un qui puisse présenter un titre sérieux à une aussi respectable antiquité. Voyons si les fondations portées au compte de sainte Hélène seront plus heureuses.

B) *Monastères de sainte Hélène.*

Et d'abord, une remarque relative à tout le groupe hélénien. Sainte Hélène, dont la vie est si peu connue, n'a pas trouvé non plus un seul auteur assez complaisant pour nous transmettre la

---

[1] *De Caeremoniis.* Éd. de Bonn., p. 648.
[2] Βυζαντινὸν Ἑορτολόγιον dans l'Ἑλληνικὸς Φιλολογικὸς Σύλλογος de Constantinople. XXVI, p. 260.
[3] *Const. christ.*, l. IV, p. 191.

date exacte de sa mort. Elle ne paraît pas cependant avoir prolongé ses jours au delà de 328, car Valeria Constantia, qui disparut de ce monde en 330 au plus tard, lui survécut assez pour consoler Constantin dans son deuil. Ainsi couchée dans la tombe, la pieuse impératrice n'eut guère la faculté de travailler à l'embellissement de Constantinople. On nous dit que de 330 à 337, elle construisit sept monastères dans la nouvelle capitale ; mais comment l'aurait-elle fait, si, comme tout le monde l'affirme, elle avait déjà cessé de vivre le 4 novembre 328, au jour où son fils inaugura la transformation de Byzance en posant solennellement la première pierre du mur occidental [1] ?

Pour avoir quelque relation avec sainte Hélène, les couvents en question devraient, de deux choses l'une, ou remonter aux années qui précèdent la fondation de Constantinople, ou passer pour des œuvres posthumes de l'impératrice, pour des travaux accomplis après elle en exécution de ses dernières volontés.

La première de ces hypothèses est invraisemblable. Au moment du concile de Nicée, en 325, Constantin n'avait pas encore jeté les yeux sur Byzance, et son esprit, flottant de Nicomédie aux ruines de Troie, ne savait encore où fixer la nouvelle Rome. Le savait-il davantage quelques mois plus tard, lorsque sa mère partit pour la Palestine ? Occupée à Jérusalem jusqu'en 327, tout entière à son fécond pèlerinage, Hélène fut tout à fait hors d'état d'entreprendre à Byzance, durant les derniers mois de sa vie, tous les grands travaux qu'on lui prête. De plus, même reportés à cette date extrême, les travaux d'Hélène auraient précédé ceux de Constantin, et rien n'autorise à croire que l'impératrice ait ainsi pris les devants sur les décisions de son fils. Quant aux années antérieures à 325, aucun motif ne pouvait encore déterminer Hélène à couvrir de monastères une cité à laquelle sa fortune présente et son histoire passée étaient loin de faire une place à part. Pour quels moines d'ailleurs aurait-elle construit ? La vie religieuse avait-elle fleuri à Byzance de préférence aux autres villes de la Thrace et de l'Asie Mineure ?

La seconde hypothèse, absolument gratuite, ne mérite même pas d'être discutée. Imaginée après coup pour justifier les assertions de gens qui ont laissé les siècles s'accumuler entre leur

---

[1] Pour ces dates, cf. Goyau, *Chronologie de l'empire romain*, p. 416 et 417.

plume et les événements, c'est à ces assertions mêmes qu'elle se
heurte dès le premier pas. Lisez les auteurs d'où elles sont ex-
traites, parcourez leurs œuvres, feuilletez-les, et vous serez tout
de suite convaincu, à n'en pas douter, que, pour eux, la mère
de Constantin vivait en chair et en os lorsque s'élevèrent les
constructions qu'ils lui attribuent. Un exemple : en revenant de
Palestine, écrit l'Anonyme [1], Hélène pénétra dans Constantinople
par la porte de Psamathia ; elle fit empoter sans retard quantité
de plantes arrachées aux lieux saints, et logea dans le monastère, auquel ces vases de fleurs valurent le nom de Gastria.
Cette entrée en ville est-elle un détail qui puisse facilement se
reporter après la mort de la sainte? Est-il plus facile de remettre
après la mort de la sainte la construction de la cellule qui se
trouva prête à la recevoir dès son retour de Jérusalem?

Par ailleurs, si les monastères héléniens n'étaient sortis que
du testament d'Hélène, ses héritiers, Constantin et les trois Cé-
sars, en auraient endossé tout le mérite devant l'histoire. Pour
que le moyen âge en ait fait honneur à l'Augusta, il a fallu
qu'on leur ait fabriqué dans le cours des siècles un extrait de
naissance complètement faux.

Voici, du reste, les seuls témoignages en faveur de leur origine hélénienne.

5. *Monastère de Bethléem.* — Le monastère de Bethléem,
inconnu aux auteurs sérieux, ne serait nommé que par les
*Origines de Constantinople* [2], si l'inévitable Codinus [3] n'avait
scrupuleusement copié ces *Origines.* Était-ce vraiment la peine
de les reproduire si fidèlement ? Ont-elles assez de valeur pour
imposer leur dire?

M. Th. Preger, qui en prépare une édition critique, y voit une
compilation rédigée vers l'an 1000 [4]. Il s'y rencontre, à vrai
dire, des matériaux sensiblement plus anciens ; mais ces matériaux, pour si vieux qu'on les suppose, n'en restent pas moins
fort postérieurs à l'époque de Constantin, et c'est là une première circonstance en leur défaveur. Joignez-y que leurs assertions relatives à la transformation de Byzance sont fréquemment

---

[1] *De Antiq. Const.* Migne, *P. G.,* t. CXXII, col. 1272 b.
[2] *De Antiq. Const.* Migne, *P. G.,* t. CXXII, col. 1272 b.
[3] *De Aedif. Const.* Migne, *P. G.,* t. CLVII, col. 548 b.
[4] *Beiträge zur Textgeschichte der Πάτρια Κωνσταντινουπόλεως.* Munich, 1895.

en contradiction avec elles-mêmes ou avec les données les plus sûres de l'histoire, et vous ne les accepterez qu'avec une extrême défian ce.

De quelque nom qu'on les appelle, *Origines de Constantinople*, *Antiquités de Constantinople*, *Patria de Constantinople*, ces lignes anonymes ne devraient jamais faire loi lorsqu'il s'agit des iv<sup>e</sup>, v<sup>e</sup> et vi<sup>e</sup> siècles. Du Cange, qui s'appuie trop souvent sur elles et sur Codinus, est obligé à plusieurs reprises de jeter par-dessus bord leurs affirmations. « Risum tenete, » dit-il une fois en les citant [1]. Ailleurs il écrit : « Patet error Graeculi ἐν Πατρίαις seu in Originibus CP ineditis [2]. » Et ailleurs : « Si qua fides Originibus CP ineditis et Codino [3]. » Et ailleurs : « Ita ut vix ulla videatur fides praestanda Graeculis istis inferioris aevi [4]. » Il aurait pu répéter ces phrases, ou d'autres semblables, plus souvent qu'il ne l'a fait, car les cas ne sont pas rares où la critique est en droit de parler avec la sévérité de M. Gédéon : « Les données des paradoxologues touchant l'église Sainte-Thècle, dit quelque part ce byzantinologue, sont écrites uniquement à l'usage des gens crédules, pour ne rien dire de plus; elles sont inadmissibles pour quiconque n'a pas encore la cervelle déséquilibrée [5]. » Et dans le grec de M. Gédéon, les deux termes de « paradoxologue » et de « paradoxographe » désignent toujours l'auteur des *Origines* et ses plagiaires.

Skarlatos Byzantios, qui n'a jamais passé pour un démolisseur des traditions antiques ou pour un critique des plus éclairés, Skarlatos Byzantios remarque lui-même avec étonnement que les principaux édifices religieux de Constantinople sont presque tous portés à l'actif de Constantin le Grand. « Codinus, dit-il, attribue au premier empereur chrétien la construction de presque toutes les églises qu'il énumère, sans même réfléchir qu'un règne de cent ans ne suffirait pas à bâtir un nombre si prodigieux de monuments [6]. » La phrase est sensée. Ce qu'elle reproche à Codinus atteint directement l'Anonyme, dont l'ou-

[1] *Const. christ.*, L. IV, p. 60 a.
[2] *Op. cit.*, p. 108 a.
[3] *Op. cit.*, p. 109 b.
[4] *Op. cit.*, p. 71 d.
[5] Βυζαντ. Ἑορτολ. dans l'Ἑλλ. Φιλ. Σύλλογος. XXVI, p. 268.
[6] Κωνσταντινούπολις, I, p. 122.

vrage de Codinus n'est, à peu de chose près, qu'une copie ; ce qu'elle affirme des églises convient encore mieux aux monastères. Elle concorde à merveille avec la réflexion de du Cange : « Neque tamen ipso sui initio tot aedibus sacris coruscavit urbs Constantinopolitana, siquidem vetus auctor Descriptionis Urbis, qui sub Honorio vixisse creditur, quatuordecim tantum sua aetate ecclesias habuisse testatur [1]. » Comment, après cela, accorder la moindre confiance à l'auteur de nos *Patria ?*

Une phrase anonyme, écrite à quelques siècles des événements et dans un ouvrage où les erreurs fourmillent, telle est donc la pierre angulaire sur laquelle repose le couvent hélénien de Bethléem. Il est à craindre qu'il ne croule pitoyablement au premier choc des textes autorisés et des faits certains.

6. *Monastère de Gastria.* — Au XVe siècle, Haïr-Eddin, porte-drapeau de Mahomet II, se fit enterrer, à Psamathia, dans une église qui s'appela dès lors Sandjakdar Djami, c'est-à-dire mosquée du porte-étendard. Cette église est celle du monastère qui nous occupe en ce moment.

Le monastère de Gastria doit son nom à sainte Hélène, déclare l'auteur des *Origines* [2]. Il a sainte Hélène pour fondatrice, écrit Codinus [3]. Peu convaincu, j'ouvre les continuateurs de Théophane et j'apprends, par l'histoire de Théophile (829-842), que Théoctiste, mère de l'impératrice Théodora, habitait, dans Constantinople, une maison achetée au patrice Nicétas, et que cette maison s'élevait sur l'emplacement occupé depuis par le couvent de Gastria [4]. Je feuillette ces mêmes continuateurs et je lis, dans le biographe de Michel III, que, sous Basile Ier le Macédonien, les cinq filles de Théophile et de Théodora furent enfermées à Gastria dans le couvent de leur grand'mère [5]. Que faut-il de plus pour conclure que la maison du patrice Nicétas, acquise par la pieuse Théoctiste, fut transformée par elle en couvent de femmes ? pour conclure que la maison religieuse de Gastria s'ouvrit cinq siècles après la mort de sainte Hélène ?

Siméon Magister dit la chose fort expressément. Il substitue,

[1] *Const. christ.*, L. III, p. 2.
[2] Migne. *P. G.*, t. CXXII. col. 1272 b.
[3] Migne, *P. G.*, t. CLVII. col. 548 b-c.
[4] Theoph. Cont., III. 5. Migne, *P. G.*, t. CIX, col. 104 b.
[5] Id., IV, 22, col. 189 a.

je l'avoue, Euphrosyne, seconde femme de Michel II le Bègue, à Théoctiste, mère de Théodora, mais par ailleurs son récit confirme pleinement la biographie de Théophile. « Euphrosyne, dit-il, était religieuse dans son monastère de Gastria. C'était sa maison, elle l'avait achetée du patrice Nicétas et transformée en couvent de femmes sous le nom de Gastria [1]. » On ne peut rien désirer de plus clair.

Dans une phrase qui leur est commune, Léon le Grammairien [2] et Joël [3] font de Gastria, eux aussi, le couvent d'Euphrosyne. Georges le Moine parle de même [4]. Zonaras se prononce par contre en faveur de Théoctiste [5], et Cedrenus semble faire de même, puisqu'il affirme d'une part que les princesses, filles de Théophile, furent enfermées à Gastria dans le couvent de leur aïeule [6], et que d'autre part il place près de Gastria la maison de Théoctiste et non celle d'Euphrosyne [7].

Quoi qu'il en soit, la discussion se borne à ces deux femmes, belles-mères toutes deux, quoique à un titre différent, de l'empereur Théophile [8]. On peut se prononcer pour celle-ci ou pour celle-là. Une chose absolument sûre, c'est que la fondatrice de Gastria, vivant au $ix^e$ siècle, se refuse à passer pour cette sainte Hélène qui mourut en 328 et construisit tant de maisons religieuses à Constantinople de 330 à 337.

7. *Monastère des saints Carpus et Babylas.* — Il existait dans le quartier hélénien de Psamathia un martyrium des saints Carpus et Babylas, où les dévots de Constantinople se rendaient en pèlerinage le 13 octobre, au jour de leur fête. L'auteur des *Origines* [9] et son fidèle Codinus [10] y ajoutent un monastère fondé et richement doté par la mère de Constantin. Ils vont même jusqu'à le décrire, jusqu'à déclarer qu'il fut construit sur le mo-

---

[1] *Annal. in Theophilum.* 6. Migne, *P. G.*, t. CIX, col. 689 *b*. — Cf. id., col. 685 *d*.

[2] *Léon le Gramm. In Theoph.* Éd. de Venise, p. 358 *c*.

[3] *Chronograph.* Migne, *P. G.*, t. CXXXIX, col. 276 *b*.

[4] *Vita recent. imp.* Migne, *P. G.*, t. CIX, col. 852 *b*.

[5] *Annal.*, XV, 26. Migne, *P. G.*, t. CXXXIV, col. 1397 *b*.

[6] *Hist. compendium.* Migne, *P. G.*, t. CXXI, col. 1045 *c*.

[7] *Hist. compendium.* Éd. de Venise, p. 405 *c*.

[8] Euphrosyne est présentée par les auteurs tantôt comme la mère, tantôt comme la marâtre de Théophile. Cf. du Cange, *Familiae Augustae.* Éd. de Venise, p. 112.

[9] Migne, *P. G.*, t. CXXII, col. 1265 *b*.

[10] Migne, *P. G.*, t. CLVII, col. 577 *c*.

dèle du Saint-Sépulcre. Que des marbres variés et splendides y aient brillé, à un moment donné, comme dans l'édifice de Jérusalem, je veux bien le croire; mais je ne vois pas comment cela remonterait à sainte Hélène. La pieuse impératrice ne fit guère que jeter les fondements de ses constructions hiérosolymitaines. Lorsqu'elle mourut en 328, sept ans avant la dédicace de l'Anastasis, cette basilique n'avait encore dans aucune de ses parties les marbres précieux sur lesquels l'architecte constantinopolitain prit modèle pour construire Saints-Carpus et Babylas. Il y a donc tout lieu de croire que les données des *Patria* et de Codinus touchant l'antiquité du monastère sont fortement à côté de la vérité.

8. *Monastère Saint-Théodore* εἰς τὰ Κλαυδίου. — En 518, Constantinople possédait un monastère Saint-Théodore, dont l'archimandrite avait nom Christinus; en 536, elle en possédait trois dont les higoumènes, Marc, Jean et Rhodon, se prononcèrent avec le patriarche Ménas contre les monophysites. Faut-il identifier une de ces trois maisons avec Saint-Théodore εἰς τὰ Κλαυδίου?

Saint-Théodore de Claudius ne figure pas souvent dans l'histoire byzantine. L'Anonyme [1] et Codinus [2] le mentionnent en termes identiques : ni l'un ni l'autre ne met le lecteur en présence d'un monastère. C'est d'une église qu'il s'agit dans leur phrase, d'une église que rien n'autorise à transformer en couvent, et dont on aimerait bien voir l'origine hélénienne affirmée par d'autres auteurs.

Le quartier de Claudius, au témoignage même des *Patria*, tira son nom d'un questeur qui vécut sous Basilisque. Il serait difficile de prouver que l'église Saint-Théodore y fût déjà debout à cette époque. Elle existait par contre au moyen âge, et M. Mordtmann n'a peut-être pas tort de l'identifier avec le Saint-Théodore qui subsiste encore aujourd'hui près d'Yéni-Kapou [3].

9. *Monastère Saint-Romain.* — Les Latins, on ne l'ignore pas, eurent d'une manière à peu près constante leurs églises particulières à Constantinople. Ils y eurent aussi leurs couvents. Ces cloîtres occidentaux, appelés monastères des Romains, figurent

---

[1] Migne, *P. G.*, t. CXXII, col. 1264 *b*.
[2] Migne, *P. G.*, t. CLVII, col. 548 *c*.
[3] *Esquisse topographique de Constantinople.* Lille, 1892, p. 59.

avec honneur dans la liste que les souscriptions conciliaires de
536 nous ont conservée ; mais ils n'ont rien de commun avec le
martyr saint Romain. L'un d'entre eux représenterait plutôt la
maison religieuse fondée par le patrice Hœmon, si l'on pouvait
affirmer que cette fondation est vraiment contemporaine de
Léon Ier [1].

C'est au martyr saint Romain qu'une église était dédiée
près du moderne Top-Kapou. Je dis église. L'Anonyme [2] et son
plagiaire [3] font bravement remonter cet édifice jusqu'à l'impératrice Hélène ; mais, comme toujours, ils s'abstiennent avec
un soin jaloux d'appuyer leurs affirmations sur la moindre
preuve. Ils ont, du moins, le mérite de ne pas employer le mot
de μονή, et cela supprime, dans la Constantinople du IVᵉ siècle,
un monastère de plus.

10. *Monastère de Psamathia.* — Une partie de Stamboul s'appelle encore aujourd'hui Psamathia. Comme le faubourg de Nicomédie que mentionne Socrate [4], ce quartier de Constantinople
tire son nom du rivage sablonneux sur lequel s'allongent ses maisons. L'imagination grecque n'a pas manqué de lui trouver des
raisons beaucoup plus merveilleuses de s'appeler ainsi, mais il
est difficile de s'arrêter à ces étymologies fantaisistes, surtout
lorsqu'on a remarqué la dénomination de Koum-Kapou, porte
du sable, donnée par les Turcs à l'un des quartiers voisins.

A Psamathia, sur les bords de la Propontide, non loin du vaste
enclos où vivaient les Studites, Léon VI le Sage construisit de
toutes pièces, vers 890, le couvent des Saints-Anargyres,
Cosme et Damien, pour servir de résidence, avant son pontifi-
cal comme après sa mort, au saint moine Euthyme, qui devait
gouverner l'Église de Constantinople de 906 à 911. C'est à cette
construction de Léon VI que l'histoire fait allusion lorsqu'elle
mentionne le monastère de Psamathia [5].

---

[1] Anonyme, col. 1205 c. et Codin., col. 596 b.
[2] Col. 1272 d.
[3] Col. 577 b.
[4] *Hist. Eccl.*, I, 27. Migne, *P. G.*, t. LXVII, col. 134 b.
[5] *Vita Euthymii*, édit. de C. de Boor, Berlin, 1888, V, 10, 19, 22 ; VI, 11 ;
VIII, 21 ; XIV, 10, 11 ; XXI, 11 ; XXII, 6, 13 ; XXIII, 1, 11. p. 15, 17, 19, 27, 50, 72,
74, 75, 78 et 78. — Leo Gramm., *Chronog.* Migne, *P. G.*, t. CVIII, col. 1120 a.
— Siméon Mag., *Alexander*, n° 1 ; Migne, *P. G.*, t. CIX, col. 777 b. — Georges
Moine, *ibid.*, col. 933 a.

Il ne faut pas la confondre avec la maison religieuse de Pso-
matheus. Celle-ci, assignée comme lieu de retraite à je ne sais
plus quelle veuve [1], était peuplée de femmes. Du Cange penche
à l'identifier avec Gastria [2]. Si l'on accepte l'identification, il n'y
a pas lieu d'en parler davantage; si on la rejette, il suffit de faire
observer que personne au monde ne lui donne sainte Hélène
comme fondatrice.

D'un côté comme de l'autre, le couvent de femmes mentionné
par le Porphyrogénète n'a rien de commun, sauf peut-être le
voisinage, avec le monastère de Psamathia, et celui-ci, le seul qui
nous intéresse pour le moment, n'est pas antérieur, on vient de
le voir, à l'avènement de Léon VI. Il faut donc l'effacer de la liste.

En résumé, des six couvents héléniens ou soi-disant tels, il en
est deux qui n'ont peut-être jamais cessé d'être de simples
églises, et trois qui n'ont rien en dehors des *Patria* pour appuyer
leur prétention. Quant au dernier, on en jeta les fondements
cinq cent soixante ans après la mort de sainte Hélène.


### C) *Monastères de simples particuliers.*

Les contemporains de Constantin et de sa mère ne semblent
pas avoir montré, quoi qu'on en dise, un zèle bien grand à do-
ter Constantinople de maisons religieuses. Sur les quatorze réu-
nies par M. l'abbé Marin dans sa liste, quatre seulement prétendent rattacher leur origine à l'initiative privée des premiers ha-
bitants de la grande ville. Sans rechercher si la dernière ne serait pas mieux placée dans le groupe constantinien proprement
dit, examinons tout de suite la légitimité de leurs titres.

11. *Monastère des Pélamides.* — L'Anonyme des *Origines* nous
déclare que « le philosophe Léon éleva la Pélamide au temps de
Constantin le Grand [3]. » Pour une fois, Codinus oublie de le co-
pier; il écrit : « Dans le monastère de Pélamide se trouvait une
statue de marbre qu'éleva Théophile, au temps de Constantin le
Porphyrogénète [4]. » Si l'on remarque la grande ressemblance qui

---

[1] Const. Porphyrog., *De administrando Imp.*, XLIII. Migne, *P. G.*, t. CXIII,
col. 341 *b*.
[2] *Const. christ.*, L. IV, p. 112.
[3] Migne, *P. G.*, t. CXXII, col. 1280 *a*.
[4] Migne, *P. G.*, t. CLVII, col. 600 *a*.

existe entre ἀνήγειρε Λέων ὁ φιλόσοφος ἐν τοῖς χρόνοις Κωνσταντίνου τοῦ μεγάλου, phrase de l'Anonyme, et ἀνήγειρε Θεόφιλος ἐν τοῖς χρόνοις Κωνσταντίνου τοῦ Πορφυρογεννήτου, phrase de Codinus, l'on se persuadera que les deux auteurs ne sont pas aussi indépendants l'un de l'autre qu'il paraîtrait au premier abord, et l'on se demandera quel est celui des deux qui se rapproche le plus de la vérité.

En dehors de nos deux paradoxographes, les écrivains de Byzance sont tous muets à l'endroit de l'édifice qui nous occupe, muets comme les poissons qui donnèrent leur nom à tout le quartier. On sait, en effet, que le faubourg maritime des Pélamides fut appelé de la sorte à cause des thons — πηλαμῖδες, forme fautive mais fréquente de πηλαμύδες — qui s'y laissaient pêcher en abondance. Un ou deux chroniqueurs le mentionnent à propos de Jean Tsimiscès (969-976), et c'est tout. Codinus seul y connaît un monastère ; l'Anonyme seul attribue ce monastère au règne de Constantin. Heureux l'Anonyme, s'il rencontre un esprit assez bénévole pour admettre son témoignage sans hésitation !

12. *Monastère de Callistrate.* — Le monastère de Callistrate est moins ignoré des historiens. Ce n'est pas que ses destinées aient brillé d'un éclat bien vif. Il lui a suffi de renfermer dans ses murs l'astrologue Paul, qui prédit l'empire à Léonce (695-698) et à Philippique (711-713), pour figurer en deux ou trois ouvrages dérivés l'un de l'autre [1]. Théophane le mentionne pourtant dans une circonstance plus glorieuse : c'est lorsqu'il nous le montre détruit de fond en comble sous la persécution iconoclaste de Constantin Copronyme en 767 [2]. Par suite de ce texte, l'on est fixé depuis longtemps sur l'année qui vit la ruine du monastère; il n'en va pas de même, hélas! pour la date de sa fondation.

Une longue phrase anonyme [3], reproduite syllabe pour syllabe dans le *De Aedificiis* de Codinus [4], attribue le couvent de

---

[1] *Niceph. Patr. Breviarium.* Migne, *P. G.,* t. C, col. 937 *b*. — Théophane, *Chronogr.* Migne, *P. G.,* t. CVIII, col. 749 *a*. — Cedrenus, *Hist. compend.* Migne, *P. G.,* t. CXXI, col. 848 *b* et 860 *b*.

[2] *Chronographie.* Migne, *P. G.,* t. CVIII, col. 893 *a*.

[3] Banduri, *Imp. Orient.* Éd. de Venise, I, p. 113 *b*.

[4] Migne, t. CLVII, col. 600 *b*.

Callistrate à un Romain de ce nom qui vint se fixer sur les rives du Bosphore avec Constantin. On serait très heureux qu'il en fût ainsi, mais on ne peut vraiment pas dissimuler combien la source précitée laisse défiant.

Glycas [1], je le sais, inscrit Callistrate parmi les douze sénateurs établis par Constantin dans sa nouvelle capitale, et les Ménées [2] le maintiennent à ce tableau d'honneur. Mais c'est là précisément ce qui me porte le plus à douter.

Les Ménées, en effet, renferment en eux-mêmes leur propre réfutation. Non contents d'allonger la liste de Glycas, non contents de nommer, à une exception près, ses douze personnages et d'en ajouter quatre autres, les Ménées déclarent que ces collaborateurs du premier empereur chrétien ont tous imposé leur nom à quelque édifice religieux de la ville impériale. Pareille affirmation ne laisse pas que de surprendre un peu. Sans doute presque tous les noms mis en avant sont réellement restés attachés à quelque quartier, à quelque monument de Constantinople; mais, si l'on y regarde tant soit peu de près, on s'aperçoit vite que ces constructions et leurs constructeurs se refusent pour la plupart à remonter jusqu'au règne de Constantin.

Tout d'abord, considérée en elle-même, l'histoire des douze sénateurs, telle que la racontent les Byzantins, est une sornette à dormir debout, digne de prendre rang parmi les contes des mille et une nuits. Le lecteur se la rappelle-t-il?

Constantin, désireux de transplanter la noblesse romaine sur les bords de la Propontide, imagine un petit stratagème. Il appelle d'Italie douze illustres personnages, les débarrasse de l'anneau qu'ils portent au doigt et les envoie batailler sur la frontière perse. Tandis qu'ils se mesurent avec les barbares, le rusé fondateur de Constantinople ne perd pas son temps. Il expédie à Rome des gens chargés de prendre le plan de leurs maisons et d'attirer leurs familles en Orient. Les messagers se présentent aux douze palais sénatoriaux, ils y parlent au nom du maître absent dont ils montrent l'anneau; tout le monde s'incline, et l'exode a lieu. Dans les murs de la nouvelle Rome, l'empereur construit en toute hâte des immeubles absolument

---

[1] Migne, *P. G.*, t. CLVIII, col. 468 d.
[2] Dans le synaxaire de saint Zotique, au 31 décembre.

semblables à ceux dont les familles émigrées viennent de quitter les splendeurs. Il les y installe en personne. Quelques mois plus tard, à l'issue de la guerre, les douze sénateurs passent à Constantinople. Ils y trouvent tout ce qu'ils ont laissé sur les rives du Tibre, palais, esclaves, femmes, enfants. A cette vue, ils ne pensent même pas à contrecarrer les désirs d'un prince qui fait si bien les choses et qui ménage à ses amis des surprises si douces. Ils se fixent tous et de bon cœur dans la naissante capitale.

Telle est l'histoire. Elle est charmante, n'est-ce-pas? Est-elle aussi vraisemblable ? Après l'avoir lue, tout porte à dire avec du Cange : « Quae de duodecim senatorum romanorum nominibus ac familiis nugantur Graeculi inferioris aevi, vix fidem merentur, etsi complures senatores cum Constantino Roma Byzantium migrasse in confesso sit [1]. »

L'histoire des susdits personnages présente un autre défaut assez grave : ses héros changent trop facilement de nom. J'en ai deux listes sous les yeux; celle-ci dit blanc quand celle-là dit noir. En les énumérant, Glycas et les Ménées tirent d'un côté, l'Anonyme [2] et Codinus [3] tirent de l'autre. Au lecteur d'en juger :

| | ANONYME | CODINUS | GLYCAS | MÉNÉES |
|---|---|---|---|---|
| 1. | Adam. | Adam. | Olybrius. | Olymbrius. |
| 2. | Protasius. | Protasius. | Verus. | Verus. |
| 3. | Philoxène. | Philoxène. | Urbicius. | Urbicius. |
| 4. | Scombrus. | Scolymbrus. | Callistrate. | Callistrate. |
| 5. | Probus. | Probus. | Zotique. | Zotique. |
| 6. | Domninus. | Domninus. | Eugène. | |
| 7. | Darius. | Darius. | Studius. | Studius. |
| 8. | Maurus. | Maurus. | Maurianus. | Marianus. |
| 9. | Rhodanus. | Rhodanus. | Florentius. | Florentius. |
| 10. | Salluste. | Salluste. | Sévère. | Sévère. |
| 11. | Modeste. | Modeste. | Isidore. | Isidore. |
| 12. | Euboulos. | Euboulos. | Euboulos. | Euboulos. |

Les Ménées, qui oublient Eugène, le remplacent largement en inscrivant un quatuor de plus : Paulin, Anthime, Sampson et un

[1] *Const. christ.*, L. II. p. 90 *a*.
[2] Migne, *P. G.*, t. CXXII, col. 1193 *c*.
[3] Migne, *P. G.*, t. CLVII, col. 484 *b*.

autre dont ils donnent seulement le titre. Les Ménées, il est vrai, n'entendent pas dresser la liste des douze sénateurs. Plusieurs même de ceux qu'ils nomment figurent parmi les sept personnages préposés, dit-on, par Constantin à la construction de la capitale et qui seraient, d'après l'Anonyme [1] et son plagiaire [2], Euphrate, Urbicius, Olybrius, Isidore, Eustorge, Michel et Honorlasius ou Honorisius.

Cet accord partiel entre des auteurs également tardifs qui ont exploité le même fonds de légendes ne suffit pas à racheter l'abondance des contradictions auxquelles Callistrate et ses compagnons se heurtent à chaque pas, dès qu'ils prétendent se concentrer autour de Constantin. Voici quelques exemples significatifs.

Les Ménées veulent que l'Olybrius éponyme soit un personnage du IVe siècle. Le seul monument constantinopolitain décoré de ce nom est une église Sainte-Euphémie, dont une demi-douzaine de textes attribuent la paternité au magister qui ceignit en 472 la couronne impériale d'Occident [3]. A moins de vivre les années de Mathusalem, un homme qui règne dans la seconde moitié du Ve siècle ne risque pas d'avoir bâti beaucoup de monuments dans la première moitié du IVe.

Les Ménées mentionnent au même titre un certain Vérus. Qui jamais a rencontré quelque chose d'approchant dans l'onomastique des édifices de Constantinople ?

Eugène se présente dans la topographie de la capitale comme l'éponyme d'une église dédiée à la Théotokos [4]. Cela est vrai, mais cette église sortit de la transformation que fit subir à sa demeure un patrice contemporain de Théodose le Grand. Codinus lui-même l'avoue [5], et la tendance de Codinus à constantiniser toutes choses est assez connue pour qu'on lui épargne le reproche de rajeunir les monuments de sa ville bien-aimée.

Studius ne réserve pas aux Ménées de non moins amères surprises. Cet homme, on le sait, appartient au Ve siècle. C'est bien après le concile de Chalcédoine qu'il fonda le fameux monastère

---

[1] *Op. cit.*, col. 1191 c.
[2] *Op. cit.*, col. 461 a.
[3] Du Cange, *op. cit.*, L. IV, p. 101.
[4] Ibid., p. 59.
[5] *Op. cit*, col. 552 c.

de Saint-Jean-Baptiste, destiné à se dresser plus tard en face de l'Iconoclasme. Ici, qu'il l'ait cherché ou non, l'Anonyme s'est rencontré avec la vérité en assignant les débuts de ce cloître au règne de Léon Ier [1], et Codinus, pour une fois, ne s'est pas trompé en transcrivant la date de son prédécesseur [2]. Du reste, je me hâte de le dire, les textes ne manquent pas, en dehors de l'Anonyme et de Codinus, qui placent vers 463 le berceau des Studites. Les premiers d'entre eux étaient des Acémètes. Comme les Acémètes remontent tout au plus à 430, il leur était difficile, on l'avouera, de peupler un couvent quelque quatre-vingt-dix ans plus tôt. Ainsi, malgré l'affirmation des Ménées, le Studius dont un monument de Contantinople conserva le nom n'a rien à démêler avec Constantin.

Sévère se trouve vis-à-vis de ce prince dans la même situation. En laissant de côté le bain de Zeuxippe, qui appartient à la Byzance primitive [3], on ne rencontre à Constantinople qu'un seul édifice désigné sous le nom de Sévère. C'est un hospice de vieillards, dont le fondateur, si l'on en croit l'Anonyme [4] et Codinus [5], l'un et l'autre peu suspects de moderniser, jouissait d'un grand crédit auprès de l'empereur Constant II (641-668). Les Ménées, on le voit, risquent fort d'avoir commis une petite confusion.

Ils sont encore moins heureux, si possible, avec Isidore et Euboulos. Celui-ci, contemporain de Justin le Thrace [6], appartient à la première moitié du VIe siècle. Celui-là, frère d'Euboulos [7], se rattache à la même époque. Ses prétentions sur l'église Saint-Thryphon, que d'autres mettent à l'actif de Justin Ier ou de Justinien le Grand [8], concourent également à le placer dans le voisinage de ces deux empereurs. L'Anonyme et Codinus, chez qui je puise ces renseignements, se prononcent ailleurs pour l'existence d'un Isidore et d'un Euboulos sous Constantin. Ceci ne laisse pas que de surprendre un peu. Il semble à tout

---

[1] *Op. cit.*, col. 1221 d.
[2] *Op. cit.*, col. 581 c.
[3] Du Cange, *op. cit.*, t. I, p. 71.
[4] *Op. cit.*, col. 1249 a.
[5] *Op. cit.*, col. 585 c.
[6] Anonyme, *op. cit.*, col. 1229 c. — Codinus, *op. cit.*, col. 580 a.
[7] Anonyme, *ibid.* — Codinus, *ibid.*
[8] Du Cange, *op. cit.*, t. IV, p. 97.

le moins singulier que la capitale ait possédé deux fois, à deux siècles d'intervalle, deux hommes cités par les auteurs en des circonstances analogues et doués d'un même goût pour les constructions. Les deux frères ne seraient-ils pas les victimes d'un dédoublement injustifié? L'Anonyme et Codinus ne se contrediraient-ils pas une fois de plus? Quoi qu'il en soit, les Ménées, qui font entrer les noms d'Isidore et d'Euboulos dans la topographie de Constantinople dès le iv^e siècle, ont à se défendre contre l'Anonyme et Codinus qui, en dépit du dédoublement, ne leur ouvrent pas la porte, comme éponymes, avant 510.

Pour ce qui est de Paulin, les Ménées ont contre eux quantité d'auteurs, car les auteurs, d'un commun accord, font de Paulin le contemporain de Théodose II [1]. L'église des Saints-Anargyres Cosme et Damien fut son œuvre, ainsi que le monastère qui garda son nom [2]. Les Ménées sont les seuls qui l'aient vu collaborer avec Constantin à la fondation de la nouvelle Rome.

Anthime serait un mot inconnu dans la topographie de la ville sans le temple élevé par Justinien au martyr de ce nom [3]. Faut-il supposer que les Ménées ont en vue Anthemius au lieu d'Anthimius? Peut-être; mais ce changement ne les met pas en meilleure situation vis-à-vis de la chronologie. La villa d'Anthémius, dont son propriétaire fit un hospice et près de laquelle il construisit l'Apostolaeum de Saint-Thomas [4], servit à désigner, durant plusieurs siècles, cette partie encore mal identifiée de la banlieue asiatique où le César Alexis Moseles, beau-fils de Théophile (820-842), devait un jour élever son couvent [5]. Malheureusement, l'Anthemius en question est, comme l'indiquent force textes, celui qui s'assit au v^e siècle (467-472) sur le trône d'Occident. Il lui était difficile, apparemment, de travailler dès 330 aux côtés de Constantin.

Que dire de Sampson, le saint hôtelier? Sa maison charitable, située entre Sainte-Irène et Sainte-Sophie, devint la proie des flammes le 17 janvier 532, lors de la révolte appelée Nika. Res-

---

[1] Du Cange, *op. cit.*, L. IV, p. 127.
[2] Codinus, *op. cit.*, col. 592 *b*.
[3] Procop., *De Aedificiis*, I, 6.
[4] Du Cange, *op. cit.*, L. IV, p. 80.
[5] Du Cange, *op. cit.*, L. IV, p. 106.

taurée par Justinien, elle brûla de nouveau en 563, mais elle fut relevée une fois encore [1]. Son premier fondateur semble avoir fleuri sous les règnes de Justin Ier et de son neveu. Les Ménées, du moins, affirment fort expressément qu'il fut ordonné prêtre par Ménas, c'est-à-dire de 536 à 552, et qu'il fit un miracle en faveur de Justinien [2]. S'il en est ainsi, comment les Ménées peuvent-ils, dans un autre synaxaire, placer en 330 l'arrivée de Sampson à Constantinople? Pauvres Ménées! les occasions ne manquent pas de leur appliquer la phrase qu'une des inconséquences familières à Codinus arrache quelque part à du Cange : « Sic sibi non constant Graeculi scriptores infimi aevi [3]. » A vrai dire, une contradiction de plus ou de moins n'est point faite pour surprendre dans ce genre de littérature; mais il est des méprises qu'il fait toujours bon relever lorsqu'il s'agit de mettre à nu le peu de valeur de certains écrits.

Sans plus de retard, je reviens à Callistrate. Le catalogue où Callistrate est inscrit se heurte à de telles difficultés, l'histoire dont il est un des héros accuse un caractère si légendaire qu'on ne saurait, en bonne critique, l'accepter aveuglément. Sans doute, il serait insensé de recourir à tout propos au principe *Ab uno disce omnes*; mais un pareil procédé, même en histoire, est parfois utile et permis. Si Olybrius, Eugène, Studius, Sévère, Isidore. Euboulos, Paulin, Anthime et Sampson, désignés comme constructeurs éponymes de monuments constantinopolitains, n'appartiennent pas au IVe siècle, ainsi que le voudraient les Ménées, ne convient-il pas de penser que Callistrate, inséré dans la même liste par les mêmes Ménées, court grand risque d'être postérieur, lui aussi, à Constantin ?

Je prie le lecteur de ne pas exiger pour le moment une preuve plus rigoureuse, et d'attendre les preuves générales réservées pour couronner l'examen des quatorze monastères.

13. *Monastère de Florentius.* — A la fin du IVe, au commencement du Ve siècle, un certain Florentius convertit, en mourant, sa demeure en hospice [4]. Est-ce de cette fondation qu'il s'agit ici? Comme aucun autre monument ne porte à Constantinople le

---

[1] Du Cange, *op. cit.*, L. IV, p. 114.
[2] Synaxaire de saint Sampson, 27 juin.
[3] *Op. cit.*, L. II, p. 131.
[4] Anonyme, *op. cit.*, col. 1265 c. — Codinus, *op. cit.*, col. 585 b.

nom de Florentius, on pourrait le croire, et cependant la vérité n'est point là.

Au lieu de Florentius, la phrase anonyme transcrite par le *De Aedificiis* [1] donne, dans plusieurs manuscrits, le nom de Florus. De plus, elle raconte du monastère de Florentius un événement que d'autres écrivains, Théophane [2] et Georges Hamartole [3] par exemple, attribuent au monastère de Florus. Dans ces conditions, l'identification de Florentius avec Florus semble s'imposer.

A l'endroit de cet homme, l'histoire — l'histoire sérieuse — garde un silence profond. Glycas et les Ménées l'inscrivent à côté de Callistrate; l'Anonyme [4] et Codinus en font le propre frère de Callistrate. Tout ce qui a été dit du monastère de ce dernier s'applique par conséquent au monastère de celui-là : tous les doutes soulevés contre l'un enveloppent l'autre. Il n'y a donc pas lieu pour nous de nous attarder davantage ici.

Un mot cependant. Dans la phrase anonyme que s'est appropriée Codinus, il est dit ceci : « La maison de Callistrate et celle de Florentius devinrent monastères au temps de Constantin le Grand ; quatre cent vingt-huit ans plus tard, Paul IV, démissionnaire du trône œcuménique, entrait dans le couvent de Florentius. » Ces lignes présentent une difficulté. Paul IV s'enferma dans le cloître le 31 août 784. Si de cette date vous retranchez les quatre cent vingt-huit ans indiqués, vous arrivez à l'année 356, et l'année 356 ne correspond pas, que je sache, au règne du grand Constantin. Quelle confiance peut-on conserver à des auteurs qui accumulent ainsi les contradictions, sans même s'en douter ?

14. *Monastère des Abrahamites.* — Les historiens mentionnent à plusieurs reprises le couvent de Saint-Abraham, le couvent des Abrahamites, le couvent de l'Ἀξκμομίτης; rien n'est moins facile, malheureusement, que de savoir ce qu'ils entendent par là. Un Bollandiste, le P. Henri Matagne, s'est efforcé de pénétrer leurs ténèbres [5].

---

[1] Codinus, op. cit., col. 600 b.
[2] Chronographie. Migne, P. G., t. CVIII. col. 921 b.
[3] Chronique. Migne, P. G., t. CX. col. 960 b.
[4] Banduri, Imp. Orient., t. 112.
[5] Acta sanctorum, 12 octob., p. 758.

Pour lui. Constantinople possédait deux maisons différentes, mais de nom à peu près semblable. L'une, sise en dehors des murs, remontait à Constantin: c'est le monastère Saint-Abraham ; l'autre, située à l'intérieur de la ville, avait pour fondateur un Abraham du vi[e] siècle : c'est le monastère des Abrahamites. Avec le temps, ce dernier couvent disparut, et son nom passa, vers le xe siècle, au monastère Saint-Abraham, qui s'appelait également de l''Αχειροποίητος à cause de l'image miraculeuse conservée dans son église.

Telle est l'opinion du Bollandiste.

Un premier point absolument certain, c'est que les deux expressions, monastère de l''Αχειροποίητος et monastère des Abrahamites, désignent, au xe siècle, un seul et même établissement suburbain, très rapproché de la porte Dorée. Le continuateur de Constantin Porphyrogénète [1] et Léon Diacre [2] le prouvent surabondamment.

Un second point non moins bien établi, c'est que l'Anonyme [3] et Codinus [4] attribuent l''Αχειροποίητος à Constantin le Grand. L'Anonyme va même jusqu'à nous donner la raison de sa construction : d'après lui, l'empereur l'aurait élevé au profit du moine Abraham.

Un troisième point tout aussi indiscutable, c'est que le *De Caeremoniis*, Léon Diacre, l'Anonyme et Codinus entendent désigner un monastère unique et qu'ils ne soupçonnent même pas la possibilité d'un dédoublement.

En dehors de cela, rien de sûr.

Aux yeux du P. Matagne, le fondateur des Abrahamites mentionné dans le *Pré spirituel* [5] ne peut s'identifier avec l'Abraham déjà canonisé et patron d'une maison religieuse en 518. Par suite, le monastère de Saint-Abraham signalé à cette date par la signature de son higoumène [6] doit nécessairement se distinguer du monastère des Abrahamites.

Je n'oserais dire que ce raisonnement soit concluant.

---

[1] *De Caeremoniis*. Éd. de Bonn, p. 438, 499 et 501.
[2] *Hist.*, III. Migne, *P. G.*, t. CXVII, col. 729 *b*.
[3] *Op. cit.*, col. 1273 *d*.
[4] *Op. cit.*, col. 592 *b*.
[5] C. 97. Migne, *P. G.*, t. LXXXVII, pars III, col. 2956 *c*.
[6] Labbe, *Coll. Concil.*, V, col. 174.

Et tout d'abord, une remarque. En 530, Alexandre signe : ἀρχιμανδρίτης μονῆς τοῦ ἐν ἁγίοις Ἀβραμίου. Mais est-il bien vrai que le supérieur de 518, Antoine ou Antonin, emploie la même expression? D'après Mansi, il s'intitule simplement ἀρχιμανδρίτης μονῆς τοῦ Ἀβραμίου. Le titre de saint n'entre point dans la formule. N'est-ce pas un indice qui permet de rajeunir Saint-Abraham?

L'espace qui sépare les deux homonymes et défend d'en faire une seule et même personne s'en trouve sensiblement rétréci. Il en devient même si facile à combler qu'on peut tenter l'opération.

Le *Pré spirituel*, je le sais, n'est pas antérieur à la fin du vi⁰ siècle; mais, en revanche, les histoires qu'il raconte ne prétendent pas toutes à passer pour des nouvelles de la dernière heure. Le P. Malagne l'a remarqué pour celle où figure le père des Abrahamites. Moschus déclare en toutes lettres l'avoir apprise de Jean Pyrrhus, qui la tenait lui-même d'Étienne le Moabite, lequel habitait Saint-Théodose, tandis qu'Abraham vivait à Jérusalem. Il y a là de quoi glisser nombre d'années entre la présence de ce dernier dans la ville sainte et la rédaction du *Pré spirituel*.

Que Moschus ait connu son histoire une trentaine d'années avant de l'écrire; que Jean Pyrrhus, à son tour, la lui ait racontée une trentaine d'années après l'avoir apprise d'Étienne le Moabite, que celui-ci enfin l'ait narrée quelque trente ans après l'événement, cela nous reporte tout de suite au début du siècle. Et cette hypothèse de quatre-vingt-dix ans remplis par la tradition de trois moines palestiniens ne doit pas surprendre. Ne sait-on pas qu'en ce pays-là les jeûneurs les plus austères se permettaient souvent de vivre des vies interminables? Saint Cyriaque, né en 448, fournissait encore des renseignements hagiographiques à Cyrille de Scythopolis entre les années 546 et 556 ; saint Jean le Silentiaire, né en 454, sanctifiait encore sa retraite en 557. Un seul de ces hommes aurait suffi à nouer le fil de traditions presque séculaires : quoi d'invraisemblable à prétendre que trois de leurs imitateurs, venant l'un après l'autre, aient pu garder durant près d'un siècle la mémoire d'un événement?

Ce n'est pas cent ans d'ailleurs, ni même quatre-vingt-dix, ni même à la rigueur quatre-vingts qu'il nous faut. Supposons en

effet qu'Abraham soit parti de Constantinople pour Jérusalem
vers 515; qu'il soit mort vers 529, après avoir passé, par exemple,
dix ou onze ans dans son couvent palestinien des Byzantins et
trois ou quatre sur le siège métropolitain d'Éphèse [1], il s'ensuivra
que la composition du *Pré spirituel* pourra n'avoir suivi que de
soixante-quinze ans l'événement où le fondateur des Abrahamites
joua son rôle. Trois moines qui se relaient sont facilement à
même de conserver une tradition pendant trois quarts de siècle.

Le pontificat d'Abraham se placerait ainsi aux années qui
précèdent immédiatement 530. Le siège d'Éphèse est libre jusqu'à cette date. Si Lequien semble y asseoir Hypatius dès le
règne de Justin Ier [2], c'est une méprise de sa part, car l'histoire
ne commence à mentionner Hypatius qu'à propos du second
voyage de saint Sabas à Constantinople, et ce voyage se rapporte au mois d'avril 531. Il serait même de 532, si l'on en
croyait ce qui est affirmé, au prix d'une contradiction, dans tel
autre passage de l'*Oriens christianus* [3].

Il n'y a donc rien de bien solide, en fin de compte, dans l'argument sur lequel se base le P. Malague pour établir une distinction entre le monastère de Saint-Abraham et celui des
Abrahamites. Cette distinction pourtant, je ne la nie point; je
me contente de la contester. Je pense d'autant moins à la pros-
crire qu'elle peut invoquer en sa faveur un témoignage auquel
le Bollandiste n'a point songé, je veux dire la vie de sainte Matrone. Cette Vie mentionne, à propos de faits contemporains de
l'empereur Marcien, un certain Acace qui gouvernait « le monastère du théophore Abraham [4]. » Si le renseignement est
exact, l'identification entre la maison de Saint-Abraham et celle
des Abrahamites devient à tout jamais insoutenable, au moins

---

[1] Moschus mentionne deux Abraham. L'Abraham fondateur du monastère
des Abrahamites à Constantinople et de celui des Byzantins à Jérusalem, puis
archevêque d'Éphèse (cap. xcvii, Migne, *P. G.*, t. LXXXVII, pars III, col. 2956 c),
ne peut se confondre avec l'Abraham second higoumène de la Nouvelle Église
à Jérusalem, vers 550, et fondateur du monastère qui portait son nom sur le
mont des Oliviers (cap. lxviii, col. 2917 c et cap. clxxxvii, col. 3064 d). L'auteur
du *Pré spirituel* leur donne un *curriculum vitae* différent et de plus il désigne
leurs fondations hiérosolymitaines sous des noms distincts : ici (cap. xl, col.
2892 c), il parlera de Basile, prêtre du monastère des Byzantins; là (cap. clxxxvii,
col. 3064 d), de Jean de Cyzique, higoumène du monastère d'Abraham.

[2] *Oriens christianus*, I, 681 b.

[3] III, p. 191.

[4] Siméon Métaphraste, Migne, *P. G.*, t. CXVI, col. 928 b.

pour la première période de leur existence; mais est-il exact?
Si Métaphraste nous disait à quelle source il a puisé, nous
saurions peut-être à quoi nous en tenir. Sa Matrone, enfermée
dans un couvent d'Émèse, y assiste en 453 à l'invention du chef
de saint Jean-Baptiste, à l'invention de ce précieux chef caché
depuis les temps d'Hérodiade et transféré cependant à Constantinople dès 390. Sa Matrone est mère de famille et catholique,
mais elle porte le même nom qu'une vierge macédonienne dont
les destinées se trouvent étroitement liées, sous Valens et Théodose, à la translation de la même relique de saint Jean-Baptiste.
Sa Matrone s'habille en homme et prend à son compte une
partie de ces faits dérivés d'une source commune que l'hagiographie orientale applique généreusement à près d'une dou-
zaine de femmes transformées en moines. Ce sont là de mauvais sons de cloche. Leur écho se prolonge dans la phrase de
Tillemont : « Je ne croy pas que cette Vie puisse faire aucune
autorité [1]. » Ils ne permettent pas, toutefois, de rejeter en bloc
la biographie tout entière. Si l'on ne peut dire : « Le monastère
de Saint-Abraham existait vers le milieu du v⁰ siècle, puisque la
Vie de sainte Matrone l'affirme, » l'on ne peut dire davantage : « Le renseignement de cette Vie touchant le monastère
Saint-Abraham est certainement erroné. » Somme toute, même
de ce côté, il n'est pas sûr que la maison de Saint-Abraham se
distingue de celle des Abrahamites.

A défaut d'autre chose, le texte de Métaphraste nous fournit
du moins l'expression τῆς εἰς τρίτον μονῆς, qui, régulière ou non,
semble contenir une indication topographique. Les deux mots
εἰς τρίτον désigneraient la troisième région de la ville, s'il fallait
y voir le correspondant de ἐν τῷ τρίτῳ; mais la présence de l'ac-
cusatif oblige plutôt à les entendre dans un autre sens et à les
traduire : « au troisième mille. » Compté du milliaire d'or, le
troisième mille correspond aux environs de la Porte Dorée. Cet
emplacement est précisément celui de l'Ἀχειροποιήτου ou monastère des Abrahamites dans le *De Caeremoniis* et Léon Diacre.
C'est également celui du monastère d'Abraham dans la Vie de
saint Euthyme [2].

---

[1] *Hist. Eccl.*, XVI, 56.
[2] *Vita Euthymii*, éd. de Boor, VI, 20, p. 17.

Ainsi donc, si la Vie de sainte Matrone constituait un document indiscutable, on devrait affirmer, après le P. Matagne, que le nom d'Abrahamites est passé avec le temps aux religieux de Saint-Abraham : mais, encore une fois, quelle est au juste la valeur de cette Vie?

Il serait par ailleurs téméraire d'ajouter que ce transfert de nom eut lieu vers le xe siècle, car, si l'on veut distinguer les Abrahamites vivant à cette époque de ceux qui parurent sous Justinien, rien du moins n'autorise à les séparer de ceux que l'histoire mentionne au ixe et même au viiie siècle.

Pour le ixe siècle, je fais allusion aux héroïques victimes de l'empereur Théophile (829-842). Ces hommes, qui souffrirent l'exil et la mort plutôt que de souscrire à la proscription des saintes images, étaient en effet des Abrahamites [1].

Pour le viiie, je m'en réfère à la vie de sainte Anne-Euphémien. Anne compte parmi ces femmes déguisées en moines imberbes dont je parlais tout à l'heure. Pour elle, au jugement des Bollandistes, on a mis largement à contribution le lieu commun des faux eunuques, et voilà pourquoi je n'apporte pas sans une certaine hésitation le synaxaire que les Grecs lui consacrent [2]. A prendre ce synaxaire pour base, le monastère des Abrahamites aurait été construit de 785 à 787 : pas avant, puisque l'emplacement fut donné par le patriache Taraise et que Taraise monta sur le trône patriarcal le 25 décembre 784; pas après, puisque Siméon, higoumène des Abrahamites, figure parmi les signataires du deuxième concile de Nicée et que le deuxième concile de Nicée tint sa dernière session en novembre 787. Est-ce une erreur des Ménées? est-ce d'une reconstruction qu'il s'agit? Le texte du synaxaire n'est ni assez clair ni assez explicite pour se prononcer.

Ceci d'ailleurs est d'un moindre intérêt pour nous. Il nous importe davantage d'examiner les rapports de Constantin le Grand avec le monastère ou les monastères qui nous occupent.

Pour qui n'a aucune confiance dans le texte emprunté à la vie de sainte Matrone ni dans l'argument basé par le P. Matagne sur le passage du *Pré spirituel*, pour qui, en un mot, n'admet pas le dédoublement, ils est évident qu'en le faisant

---

[1] Theoph. Cont., III, *Theophilus*, 11. Migne, *P. G.*, t. CIX, col. 116 a.
[2] Ménées, 29 octobre.

fonder avant 337, on octroie au monastère unique cent quatre-vingts ans d'existence auxquels il n'a aucun droit. Il n'y a aucun droit, car, dans l'espèce, le témoignage de Jean Moschus s'impose de préférence à celui de ses tardifs contradicteurs.

Pour qui accepte, au contraire, le dédoublement, il est clair que l'on fait erreur en plaçant le couvent des Abrahamites aux premières années de Constantinople ; mais il reste encore à chercher, dans cette hypothèse, à quelle date remonte l'autre maison religieuse, la maison dite non des Abrahamites, mais de Saint-Abraham.

Ici, comme toujours, nous trouvons devant nous l'inévitable Anonyme [1], l'inévitable Codinus [2]. L'Ἀχειροποίητος, disent-ils, est l'œuvre de Constantin le Grand. Sur ce point, comme sur beaucoup d'autres, leur témoignage est identique et isolé.

L'Ἀχειροποίητος dont ils parlent est l'édifice qu'ils avaient sous leurs yeux, celui de la Porte Dorée, celui que le biographe de saint Euthyme nomme couvent d'Abraham et que les autres auteurs appellent monastère des Abrahamites. C'est de ce même édifice que parle à son tour le synaxaire de sainte Anne Euphémien, puisque, d'une part, ce synaxaire ne date pas d'une époque antérieure, et que, d'autre part, il s'exprime ainsi : ... τὴν νῦν ἡ μονὴ τῶν Ἀβραμιτῶν λεγόμενον. De tout cela, il résulte que les Ménées contredisent formellement l'Anonyme et Codinus. Pour ceux-ci l'Ἀχειροποίητος fut bâti par Constantin. Pour ceux-là, le monastère des Abrahamites, qui s'identifie avec l'Ἀχειροποίητος, fut élevé sous le patriarche Taraise. La contradiction saute aux yeux. Les Ménées, certes, ne jouissent pas d'une grande valeur historique, mais ils en ont tout de même autant que les deux paradoxographes.

Ces derniers donnent l'Ἀχειροποίητος comme constantinien. Leur affirmation est faite pour surprendre. A-t-on jamais rencontré auteur qui signale à Constantinople, dès le ive siècle, une image *non manu facta* de la sainte Vierge ? Gretser [3], sur la foi de je ne sais qui, en met une aux mains d'Héraclius, mais, à la vérité, les icônes de cette sorte n'apparaissent que plus tard dans l'histoire byzantine.

[1] *Op. cit.*, col. 1273 d.
[2] *Op. cit.*, col. 592 b.
[3] *De Imaginibus non manu factis*, c. xv.

J'entends les images *non manu factae* de la Théotokos. Celle des Abrahamites, la seule qui nous intéresse, représentait en effet la Vierge. Grégoire le dit en termes explicites dans sa *Vie de saint Basile le Jeune* [1], et je m'étonne que Papebroch [2], l'annotateur du passage en question, ait voulu y reconnaître l'icône de Kamulium qui, s'il faut lui attribuer les deux miracles opérés sous Tibère et Héraclius, reproduisait les traits du Sauveur [3].

L'image vénérée près de la Porte Dorée se présente comme la plus ancienne des Ἀχειροποίητοι de la Vierge. Celle d'Hyrtakium, — aujourd'hui Artaki, au diocèse de Cyzique, — se fait connaître pour la première fois en 1328, à propos d'un pèlerinage d'Andronic III [4]. En dehors de ces deux images, on ne peut certifier l'existence d'aucune autre semblable, car il n'est pas sûr, en dépit de leur nom, que les deux églises mentionnées par du Cange [5] en possédaient une; elles pouvaient n'avoir qu'une copie.

L'Anonyme et Codinus ont mauvaise grâce après cela à venir nous présenter une église de l'Ἀχειροποίητος au IVᵉ siècle. Si Constantinople eût connu sitôt une image de cette nature, une image assez vénérée pour obtenir une église de Constantin, l'histoire byzantine ne serait assurément pas restée si longtemps muette à son endroit.

En résumé, l'assertion de l'Anonyme et de Codinus a toutes les vraisemblances contre elle. La construction qu'ils attribuent à Constantin personnellement et dont M. l'abbé Marin fait simplement une fondation contemporaine de son règne, cette construction-là ne paraît pas devoir être maintenue aux débuts de Constantinople.


D) *Preuves générales contre l'existence de ces monastères.*


Avec le couvent des Abrahamites se termine la série des quatorze monastères dont il fallait vérifier l'extrait de naissance. L'examen trop souvent aride, trop souvent pénible, de chacun d'eux, n'a conduit à des conclusions que pour quelques-uns.

---

[1] *Acta Sanctorum*, martii, t. III. Appendice, p. 21 d.
[2] *Acta Sanctorum*, martii, t. III, p. 667 b.
[3] Gretser, op. et *loc. cit.*
[4] J. Cantacuzène, *Hist.*, 11, 5. Migne, *P. G.*, t. CLIII, col. 440 a.
[5] *Const. christ.*, l. IV, p. 56.

Pour quelques autres, il s'est terminé à la phrase suivante :
« L'Anonyme et Codinus, deux auteurs tardifs, peu dignes de foi
et plagiaires l'un de l'autre, sont les seuls à constantiniser tel ou
tel établissement. » Il est temps de justifier d'une manière plus
complète les défiances exprimées contre ces deux auteurs et de
corroborer en bloc les résultats acquis en détail dans les pages
qui précèdent. J'ai hâte d'alléguer de nouveaux témoignages,
d'apporter des preuves plus convaincantes, plus à même de
montrer où est la vérité.

Voici, pour commencer, un texte extrait du petit ouvrage où le
moine Callinique raconte la vie de son maître saint Hypace.
Cette biographie, je l'ai déjà dit, est une pièce capitale pour les
débuts du monachisme constantinopolitain. Écrite entre 447
et 450, sans le moindre esprit tendancieux, elle mérite de s'imposer à l'attention. Pour ce qui nous occupe en ce moment, son
témoignage est aussi clair que témoignage peut l'être.

L'auteur se trouve amené à dépeindre la situation religieuse
de la Phrygie telle qu'elle était en 384, à l'heure où le jeune Hypace quitta ce pays. Arrivé au bout de sa description, l'auteur
ajoute : « Ἀλλ' εἴτε ἐν τῇ φερωνύμῳ Κωνσταντίνου πόλει ὑπῆρχον αὐτὰ
μοναστήρια, εἰ μὴ μόνον τὸ τοῦ μεγάλου Ἰσαακίου [1]. » En bon français,
cela veut dire que, cinq ans après l'avènement de Théodose Ier,
Constantinople possédait un seul et unique monastère.

Callinique se confirme lui-même en ne signalant que vingt-
deux ans plus tard la floraison des maisons religieuses de la capitale. Après avoir conduit son récit jusqu'à des événements qui
se rapportent à 406, il ajoute : C'est alors, du vivant d'Isaac et
grâce à l'impulsion imprimée par lui, que les monastères surgissent. Ils surgissent nombreux soit à l'intérieur, soit à l'extérieur de la ville, les uns dans son voisinage immédiat, les autres à une certaine distance. Quelques-uns renferment jusqu'à
cinquante et cent moines occupés à louer le Seigneur. Isaac les
visite et se comporte à leur égard comme un père envers ses
enfants [2].

Ces lignes montrent assez et à quelle date et par le fait de
qui la vie religieuse envahit tout à coup Constantinople et s'y

[1] P. 8.
[2] P. 23.

développe pour ainsi dire instantanément. J'admets sans doute que des essais plus ou moins heureux y précédèrent l'action décisive du moine Isaac ; mais tentés sous des princes ariens et, semble-t-il, uniquement par des hérétiques, ces essais, dont j'aurai du reste à reparler, ne produisirent aucun durable résultat. Pas un d'ailleurs ne se rapporte au règne de Constantin.

Le texte de Callinique, étant donnée son incontestable autorité, suffit à renverser de fond en comble les dires de tous ses contradicteurs, cela du moins aux yeux de qui pèse la valeur des documents et ne compte pas leur nombre. Ce n'est pas à dire pourtant que son affirmation reste sans écho. Une autre Vie, celle de saint Isaac, parle absolument dans le même sens.

La *Vie de saint Isaac*, je l'avoue sans détours, ne compte pas, comme la précédente, au nombre de ces pièces privilégiées qui remontent au lendemain même des événements et dont, par suite, le seul témoignage entraine l'assentiment du lecteur. Elle a cependant l'avantage d'avoir devancé, et de beaucoup, tel synaxaire des Ménées, telle page de l'Anonyme ou de Codinus. A ce titre, il serait injuste de ne pas l'admettre à prendre la parole en ce débat. Voici donc ce qu'elle nous dit:

En 378, au moment où Valens, en guerre avec les Goths, partait pour cette campagne de Thrace où l'attendait une mort si affreuse, Isaac bondit au-devant de lui et, prenant son cheval par la bride, lui annonça les vengeances du ciel prêtes à le frapper s'il ne rendait justice aux catholiques. L'empereur méprisa sa menace. C'est que le prophète, en sa qualité de moine, portait un costume étrange et vil, et qu'il n'y avait pas encore trace de moines à Constantinople : οὐ γὰρ ἦν τότε ἐνταῦθα ἴχνος μοναχοῦ [1].

Assurément Valens connaissait la classe des ascètes. Il avait eu l'occasion d'en apercevoir en Syrie, autour d'Antioche [2]; il avait même édicté, en 373 et 376, des lois sévères contre eux [3]; mais il était persuadé que leur maudite engeance n'avait pas du moins envahi sa capitale. S'il avait supposé leur présence à Constantinople, la vue d'Isaac aurait pu lui inspirer quelque pensée salutaire. « Cet homme, aurait-il dit, cet homme à la

<hr>

[1] *Acta Sanctorum*, maii, t. VII, p. 246 c.
[2] Theod. Cyr., *Hist. Eccl.*, IV, 26. Cf. *ibid.*, IV, 11.
[3] Tillemont, *Hist. Eccl.*, VIII, p. 808.

mise négligée est sans doute un moine ; Dieu me l'envoie peut-
être ; » et il aurait prêté plus d'attention à ses paroles. Pénétré
de la conviction contraire, il se dit : « C'est un homme du peuple, c'est un homme de rien, c'est un fou ; » et il continua sa
marche en avant dans la direction d'Andrinople.

Tel est, si je ne me trompe, le sens à donner à la réflexion de
l'hagiographe. Peut-être aussi vaut-il mieux l'expliquer en disant
que saint Isaac ne portait pas un costume complètement semblable à celui des moines syriens. Quand bien même aucune de
ces deux explications ne conviendrait, quand bien même l'hagiographe se tromperait sur la cause du mépris impassible affecté
par le prince arien, son affirmation resterait entière : il n'y
avait pas de moines à Constantinople en 378.

Une seconde phrase presque identique se lit un peu plus loin
dans la même Vie de saint Isaac. Elle se rapporte à une autre
circonstance. Le règne de Théodose a commencé. Isaac, jusque-
là solitaire, devient le père d'une famille religieuse. Son biographe a soin de faire observer que ce groupement de disciples
comble une lacune dans la capitale. Il écrit une seconde fois :
οὐ γὰρ ἦν ἐνταῦθα ἴχνος μοναχοῦ [1], imitant de nouveau une expression de saint Jean Chrysostome, relative au temps des apôtres :
οὐδὲ γὰρ ἴχνος τότε μοναζόντων ἦν [2].

Ainsi répétée à deux reprises et par un moine du couvent qui
reconnaissait Isaac pour son fondateur, cette affirmation se présente à nous comme l'écho de la tradition jalousement gardée
qui assurait à ce couvent la première place à Constantinople au
point de vue de l'ancienneté. Par là cette phrase n'est peut-être
pas dépourvue de toute valeur. En dépit des erreurs commises
par le biographe au cours de son écrit, elle a pour elle l'autorité
d'une tradition qui n'aurait osé s'affirmer en face de monastères
rivaux, si tous ne l'avaient tenue pour vraie. Elle prouve donc
que la ville de Constantin ne possédait pas encore de couvents
en 378, ou, si elle en avait possédé auparavant, qu'elle n'en
possédait plus.

La maison religieuse établie par saint Isaac ne conserva pas
le nom de son fondateur. Après la mort de ce dernier, elle eut

<hr>

[1] *Acta Sanctorum*, maii, VII, p. 252 b.
[2] *In Epist. ad Hebr.*, c. xi, hom. XXV, Migne, *P. G.*, t. LXIII, col. 171.

à sa tête un homme fameux dans les fastes monastiques, et, de son nom, elle s'appela *Monastère de Dalmate.* Qui dit monastère de Dalmate dit le monastère le plus ancien de Constantinople.

Des textes empruntés à trois époques différentes lui décernent ce titre glorieux. On se rappelle sans doute le passage de Callinique cité ci-dessus : il date du v° siècle et affirme que le couvent d'Isaac était le seul de la capitale en 384. S'il était le seul à ce moment, c'est, dirait M. de la Palisse, que tous les autres mentionnés dans la suite vinrent après lui.

Théophane, de son côté, appelle notre monastère le premier des cloîtres byzantins [1]. Veut-il dire le premier en date ou le premier en dignité? Les deux acceptions n'ôteraient rien à la vérité de l'affirmation, et de là naît précisément l'embarras de les préférer l'une à l'autre.

Zonaras, lui du moins, n'emploie pas de terme équivoque. Le couvent de Dalmate, écrit-il, est vieux; c'est le plus ancien des monastères de Constantinople [2]. Zonaras, inutile de le rappeler, composait ses *Annales* au commencement du xiii° siècle : son langage, si opposé dans la circonstance à celui de l'Anonyme et de Codinus, prouve qu'il surnageait encore quelques débris de vérité parmi les croyances trop souvent légendaires du moyen âge. Il indique en tous cas quelle était la maison religieuse que la tradition s'obstinait encore à considérer comme le premier foyer du monachisme byzantin. Cette maison, placée de la sorte à la tête de toutes les autres, remonte, nous le savons, au règne de Théodose Ier, et pas avant. Force nous est en conséquence de reporter en deçà l'origine de tous les établissements religieux que l'histoire nous montre debout aux siècles suivants.

Une épigramme tournée par saint Théodore Studite en l'honneur de saint Dius semble donner, en sa personne, un rival à saint Isaac. Le quatrième et dernier Iambique de la petite pièce est ainsi conçu : Πρῶτος μοναστῶν ποιμναρχεῖς ἀξίως [3]. M. Gédéon l'a rencontré dans ses lectures, et tout de suite il en a conclu : « Saint Dius fonda le premier monastère d'hommes de Constantinople [4]. »

---

[1] *Chronographie.* Migne, *P. G.,* t. CVIII, col. 893 *a.*
[2] *Annal.,* XV. 8 ; Migne, *P. G.,* t. CXXXIV, col. 1340 *b.*
[3] Migne, *P. G.,* t. XCIX, col. 1801 *a.*
[4] Βυζαντ. Ἑορτολ. dans l'Ἑλλ. Φιλ. Σύλλογος, XXVI, 230.

Ainsi entendue dans un sens étroit, ainsi prise au pied de la lettre, l'assertion du Studite cadre mal avec ce que d'autres affirment de saint Isaac; mais, à bien juger les choses, elle corrobore pleinement, au lieu de l'infirmer, la thèse défendue dans ces lignes.

Isaac et Dius vécurent à la même époque. Le monastère de celui-ci est toujours nommé dans les listes officielles après le monastère de celui-là. Quoi d'étonnant si, dans un vers qui ne vise en rien à l'exactitude rigoureuse, Théodore décerne le premier rang au second de ces deux contemporains? Le Studite est un poète, médiocre si l'on veut, mais enfin un poète; il ne se croit pas tenu à la même précision qu'un historien. On ne saurait le blâmer outre mesure de placer à la tête du monachisme byzantin un homme qui se trouva réellement mêlé au premier essor de cette institution dans la capitale et dont la maison religieuse avait le pas sur les autres, celle de Dalmate exceptée.

Ces explications, qui me semblent de nature à supprimer toute apparence de contradiction entre saint Théodore Studite et les autres sources, permettent du même coup d'apporter ce petit vers iambique comme un nouveau *confirmatur* des affirmations émises par les biographes de saint Hypace et de saint Isaac. Les deux biographes assignent à la fin du iv⁰ siècle les vrais débuts du monachisme de Constantinople; Théodore parle comme eux. Théodore, on le comprendra, n'aurait pas, même en usant de toutes les licences permises, donné Dius pour le premier pasteur des moines de la capitale, si des couvents se fussent élevés dès 337 à tous les coins de rue de la ville.

Est-il besoin d'autres preuves pour conclure à la fausseté des renseignements fournis par l'Anonyme et Codinus? Après ce qui précède, je me crois permis de dire que les monastères soi-disant constantiniens n'existaient pas encore en 385.

On me répondra : « Ils n'existaient plus peut-être; mais rien ne les empêche d'avoir fleuri entre les années 330 et 380. » C'est une objection; il faut y répondre.

Je commence par résumer la situation. Deux auteurs venus tard et copiés l'un de l'autre affirment la fondation de certains cloîtres sous Constantin le Grand. Un écrit pour ainsi dire contemporain et d'autres documents déclarent ne rien connaître de semblable dans la Constantinople de 380. Un siècle et demi plus tard, sous Justinien, les querelles religieuses fournissent par deux fois aux supérieurs des communautés de la capitale l'occasion d'apposer leur nom au bas de pièces officielles. Si tous ne signent pas en 518, tous du moins le font, à ce qu'il semble. en 536. Chose remarquable! des quatorze monastères discutés, les listes synodales en contiennent deux seulement, celui des Abrahamites, si on l'identifie avec Saint-Abraham, et celui de Saint-Diomède, si on l'identifie avec Jérusalem. Plusieurs de ces maisons figurent au contraire de ci et de là dans les auteurs postérieurs et à propos d'événements postérieurs. Telle est la situation.

Au premier coup d'œil, les destinées de ces couvents offrent quelque chose d'étrange. Constantinople les voit fonder vers 330, mais elle ne les possède pas en 380; elle ne les a non plus ni en 518 ni en 536, mais elle est fière de les compter dans ses murs ou dans sa banlieue durant les siècles suivants. Est-il possible de croire à tant de ruines opérées si vite et réparées si tard? Est-il possible d'admettre à pareil intervalle tant de concordance entre les destructions et les restaurations? L'on bâtit sous Constantin des cloîtres que tout le monde ignore à l'avènement de Théodose et sous le règne de Justinien, et ces cloîtres, on les retrouve en pleine activité sous Léonce l'Usurpateur, sous Philippique Bardanès, sous la régente Irène. sous Basile Iᵉʳ le Macédonien, sous Basile II le Bulgaroctone. N'est-ce pas merveilleux?

Beaucoup prendront la liberté sans doute de trouver ces résurrections aussi inutiles qu'invraisemblables. On les admettrait volontiers si les auteurs sérieux attestaient les fondations inscrites aux années de Constantin ; mais comment s'y résigner pour le seul bon plaisir de l'Anonyme et de Codinus?

Contre l'Anonyme et Codinus se dresse d'ailleurs tout un ensemble de faits des plus significatifs. Tel un détail relatif au monastère du Chêne, dont Rufin jeta les fondements vers 393. Lorsque le fier Aquitain voulut des religieux pour desservir son église des Saints-Apôtres et monter la garde auprès de son tombeau, ce n'est pas à Constantinople qu'il les demanda ni aux environs, mais bien à l'Égypte. Supposez que les rives du Bosphore avaient des monastères constitués depuis trois quarts de siècle, que les saines traditions de la vie monastique s'y étaient implantées depuis Constantin, et vous ne comprenez plus pourquoi Rufin dirigea ses regards vers les bords du Nil et s'en alla puiser dans un réservoir si lointain.

Ce détail considéré tout seul ne constitue pas, à coup sûr, une démonstration de première valeur. C'est un indice pourtant, un indice qu'il fallait relever, car, mis à côté des arguments déjà réunis ou qui restent encore à grouper, il forme avec eux un faisceau auquel il serait injuste peut-être de ne pas reconnaître une certaine force probante.

Les événements de 379-380 fournissent un autre indice de même nature. A cette date saint Grégoire de Nazianze lutte à Constantinople contre l'arianisme triomphant. Où prêche-t-il ? Dans une basilique? Dans une chapelle? Point; il n'a, pour abriter ses rares fidèles, qu'une salle ordinaire hâtivement transformée en lieu de réunion. A part ce modeste refuge, le catholicisme ne possède pas le moindre oratoire à Constantinople. Et cette situation ne date pas que d'hier: elle existait déjà aux premiers jours de Valens, qui ne chassa l'orthodoxie d'aucune église, par la seule raison que l'orthodoxie n'avait aucune église à sa disposition [1]; elle existait déjà sous le règne de Constance [2] et sous le patriarcat de Macédonius [3]; elle existait depuis quarante ans [4].

Cela nous oblige à dire que la ville de Constantinople ne renfermait aucun monastère orthodoxe dès 340. Tout monastère ayant plutôt deux églises qu'une, l'existence d'un seul aurait entraîné pour les catholiques la possession d'un oratoire plus ou moins grand. Ainsi donc, vers 340, ou les cloîtres constantiniens étaient passés à l'arianisme, ou ils n'existaient plus, ou ils n'avaient jamais existé. Il faut choisir entre ces trois extrémités.

Personne, très certainement, ne croira que des fondations échelonnées en nombre considérable de 330 à 337 aient toutes disparu dès avant 340; j'écarte donc la deuxième hypothèse. Restent les deux autres : entre les deux je n'hésite pas à choisir la dernière. Voici pourquoi.

Comme les moines de tous les siècles, ceux du ıvᵉ se mêlèrent

---

[1] Sozomène, *Hist. Eccl.*, VI, 9. Migne, *P. G.*, t. LXVII, col. 1316 c.
[2] Ibid.
[3] Sozomène, *op. cit.*, IV, 20, col. 1176 a.
[4] Sozomène, *op. cit.*, VII, 5, col. 1425 c. — Marcell. Comes. *Chron. Grat. V et Theod. cons.*

fort activement, soit dans un sens, soit dans l'autre, aux querelles théologiques de leur temps. D'une façon générale ils prirent en main la cause de l'orthodoxie et luttèrent vaillamment pour elle. Sozomène leur attribue la meilleure part des victoires remportées contre Arius[1] et les Apollinaire[2]. Les hôtes des monastères constantiniens n'avaient aucune raison de ne pas imiter leurs frères d'Égypte, de Palestine, de Syrie et d'ailleurs. Pourquoi supposer qu'ils se désintéressèrent de la lutte? Pourquoi surtout supposer qu'ils acceptèrent tous jusqu'au dernier les doctrines de l'hérésiarque alexandrin, et qu'ils les acceptèrent sans la moindre résistance, sans la moindre objection?

Si tant de maisons religieuses avaient existé, une au moins se serait dressée contre l'erreur triomphante pour lui disputer le terrain et lui barrer le chemin. Quelque moine, quelque archimandrite aurait pris fait et cause pour la vraie foi, et son nom, recueilli par l'histoire ou le martyrologe, serait parvenu jusqu'à nous. Rien de tel n'a eu lieu. Des écrits nous restent qui relatent la marche des événements durant cette période troublée : pas un ne mentionne, à l'occasion des luttes ariennes, une seule des maisons religieuses que le tardif Anonyme et son naïf plagiaire veulent absolument bâtir sous Constantin. Les occasions pourtant ne manquaient pas de se distinguer au personnel de ces monastères. Si rien n'est sorti, malgré les circonstances favorables, de tant de cloîtres, c'est peut-être que ces cloîtres n'existaient pas.

Ainsi comprend-on que le docteur de Nazianze n'ait point trouvé d'oratoire catholique lors de son arrivée dans la grande ville; que les orthodoxes de la capitale soient restés depuis 340 sans un seul lieu de réunion; que pas un moine, avant saint Isaac, n'ait lutté à Constantinople contre l'hérésie.

Un jour s'est présenté dans la Constantinople du iv⁵ siècle où tout moine catholique enfermé dans ses murs fût devenu un martyr. Sans parler ici des persécutions qui souillèrent le règne de Constance et que le patriarche Macédonius rendit cruelles au point de mécontenter son impérial complice, on connaît assurément l'ambassade catholique envoyée de Byzance auprès de

---

[1] Sozomène, *op. cit.*, III, 13, col. 1068 *b-c*.
[2] Sozomène, *op. cit.*, VI, 27, col. 1369 *a-b*.

Valens, alors de résidence à Nicomédie. Le prince, on se le rappelle, accueillit fort mal ces représentants des orthodoxes. Des marins transformés en bourreaux les jetèrent sur un vieux navire qu'ils livrèrent aux flammes en plein golfe d'Astacène. L'épave embrasée alla s'échouer à Dakibiza avec les restes calcinés des soixante-douze ou quatre-vingts confesseurs de la foi.

La communauté catholique de Constantinople avait réuni dans cette ambassade tout ce qu'elle comptait de plus influent ou de plus vertueux. Chose remarquable ! il ne s'y trouva pas un seul moine. On peut consulter saint Grégoire de Nazianze [1], Socrate [2], Sozomène [3], Théodoret de Cyr [4], les Ménées [5], on n'y verra nommés que des prêtres et des clercs. Tel synaxaire ajoutera bien des laïques ; mais de moines, point. En serait-il ainsi, je le demande, si Constantinople avait eu des religieux attachés à la foi de Nicée ? Et Constantinople en aurait eu au moins un, si l'orthodoxe Hélène et ses orthodoxes contemporains avaient fondé les cellules qu'on leur attribue, car il est impossible, comme je le disais tout à l'heure, de supposer que tant de couvents catholiques aient passé à l'hérésie d'un commun accord, sans rompre une lance pour la vérité.

Tout comme cette absence de moines au jour du martyre, le silence de certains ouvrages est d'un mauvais augure pour les prétendues fondations du iv⁰ siècle. L'érection d'une quinzaine de monastères — et M. l'abbé Marin, en disant : « Quinze monastères, dont les noms sont parvenus jusqu'à nous, » semble faire entendre que nombre d'autres furent sans doute bâtis dont l'histoire a perdu le souvenir, — l'érection d'une quinzaine de monastères, accomplie en l'espace de sept ans et dans une seule ville, constitue un phénomène assez rare, surtout dans la première moitié du iv⁰ siècle, pour laisser des traces durables.

Ces traces, on aimerait les rencontrer dans les Ménées d'abord, dans l'histoire ensuite : dans les Ménées, puisqu'ils cataloguent les saints et que tout grand mouvement de vie religieuse enfante des saints ; dans l'histoire, puisqu'elle recueille à la même épo-

---


[1] *Oratio ad Arianos*, XXXIII. Migne, *P. G.*, t. XXXVI, col. 220 a.
[2] *Hist. Eccl.*, IV, 16. Migne, *P. G.*, t. LXVII, col. 500 b.
[3] *Hist. Eccl.*, VI, 14. Migne, *P. G.*, t. LXVII, col. 1328 d.
[4] *Hist. Eccl.*, IV, 21. Migne, *P. G.*, t. LXXXII, col. 1181 c.
[5] 5 septembre.

que les gloires monastiques des autres pays. Ici, quelques développements ne seront pas superflus.

Parmi les monastères authentiquement anciens de Constantinople, les plus importants ont tous, ou peu s'en faut, leurs
fondateurs inscrits dans quelque page des livres liturgiques.
Isaac s'y lit avec Dalmate et Faustus, Alexandre avec Marcel,
Dius avec Studius, Hypace avec Auxence. Mais tous ces hommes
sans exception appartiennent, au moins par leur mort, au
v⁰ siècle; aucun ne se donne pour le contemporain de Constantin. Des contemporains de Constantin, il s'en trouve, et beaucoup, dans les Ménées. Malheureusement, dès qu'on parcourt
leur synaxaire, on s'aperçoit qu'ils ne se rattachent en rien à ce
grand mouvement de fondations que l'on prétend placer à Constantinople entre les années 330 et 337.

Si je passe aux historiens proprement dits, je constate qu'ils
ignorent, eux aussi, les moines introduits à Constantinople sous
Constantin. Tel d'entre eux, pourtant, est homme à ne rien
ignorer et à ne rien taire des choses monastiques de la capitale : j'ai nommé Sozomène. Sozomène revient par trois fois,
dans son *Histoire*, sur les principaux représentants de la vie
religieuse, et il en parle par trois fois *ex professo*. Dans la partie
de son ouvrage relative au temps de Constantin, il écrit : « Ce
sont les moines surtout qui illustrèrent l'Église [1], » et cette
phrase lui sert à introduire plusieurs chapitres. Ailleurs, il
ajoute : « Puisque j'ai nommé les moines, je m'en vais dire un
mot de ceux d'entre eux qui se firent un nom sous Constance [2]. »
Et ailleurs, parmi les événements du règne de Valens : « Puisque j'ai mentionné les moines, je m'en vais énumérer tous ceux
que je pourrai [3]. »

Au livre I⁰ʳ, il consacre tout d'abord un chapitre aux pratiques
et aux origines de la vie religieuse; puis il parle de saint Antoine, de saint Paul le Simple et de saint Ammon, solitaires
d'Égypte, auxquels il joint un certain Eutychianos, ermite de
l'Olympe Bithynien.

Au livre III, après avoir passé en revue les ascètes d'Égypte [4],

---

[1] *Hist. Eccl.*, I, 12. Migne, *P. G.*, t. LXVII, col. 889 c.
[2] *Op. cit.*, III, 13, col. 1068 c.
[3] *Op. cit.*, VI, 28, col. 1369 c.
[4] *Op. cit.*, col. 1068 c.

de Palestine [1] et de Syrie [2], et s'être arrêté sur Eustalbe de Sébaste, l'introducteur du monachisme dans l'Arménie, la Paphlagonie et le Pont [3], l'historien déclare ceci : « Quant à la Thrace, à l'Illyrie et à ce qu'on nomme l'Europe, il n'y a pas de couvents; il s'y trouve cependant quelques moines isolés. » Et il apporte à l'appui l'histoire d'un saint Martin, dans lequel on reconnaît tant bien que mal notre grand évêque de Tours [4]. Constantinople est assise aux confins de la Thrace. L'occasion était belle, assurément, de lui réserver une page ou deux. Sozomène s'en abstient; il saute de la Paphlagonie dans la Pannonie. N'est-ce pas un aveu formel que rien ne méritait de l'arrêter entre deux?

Au livre VI, l'Égypte se présente d'abord avec le peuple élu de ses fameuses solitudes [5], puis la Palestine [6], puis la Syrie [7]. Le pays des Galates se présente aussi, accompagné de la Cappadoce et des contrées limitrophes, mais il n'est pas sûr de lui-même, et ses moines, peu semblables par leur genre de vie à ceux des provinces méridionales, ne fournissent que deux noms à la postérité [8]. Le nord va-t-il se relever par les gloires monastiques de Constantinople? Point du tout; Constantinople n'est pas même nommée. Ici encore, le silence fait autour d'elle constitue un argument négatif de première valeur.

Inutile, je crois, de mettre en avant de nouvelles preuves. Je conclus. Les fondations monastiques de Constantinople attribuées aux sept dernières années de Constantin doivent être reportées à une date beaucoup plus tardive. Parmi les monastères nommés par M. l'abbé Marin, deux seulement, celui des Abrahamites et celui de Saint-Diomède, peuvent revendiquer en toute justice une origine antérieure à 518, et encore faut-il pour cela qu'on accepte leur identification avec les maisons Saint-Abraham et Jérusalem.

Il ne s'agit ici, bien entendu, que des monastères d'hommes. Pour les couvents de vierges, on ne saurait préciser autant. Ces


[1] *Op. cit.*, col. 1076 *b*.
[2] *Op. cit.*, col. 1077 *b*.
[3] *Op. cit.*, col. 1077 *c*.
[4] *Op. cit.*, col. 1081 *a*.
[5] *Op. cit.*, col. 1389 *c*.
[6] *Op. cit.*, col. 1389 *c*.
[7] *Op. cit.*, col. 1392 *d*.
[8] *Op. cit.*, col. 1396 *d*.

couvents nous sont, en effet, beaucoup moins connus. Leurs supérieures n'eurent à signer, comme de juste, ni la supplique au pape Hormisdas, ni les actes synodaux de 536, et c'est précisément par ces différentes souscriptions, on ne l'ignore pas, que nous sont parvenus sur le monachisme de Constantinople nos renseignements les meilleurs.

### III. — DE LA MORT DE CONSTANTIN A L'AVÈNEMENT DE THÉODOSE

Pour montrer que les fondations inscrites au règne de Constantin ne sont pas de cette époque, il a fallu parler, dans les pages précédentes, du mouvement qui se produisit sous Théodose le Grand, et passer complètement sous silence la période intermédiaire. J'y reviens en ce moment, et j'y reviens d'autant plus volontiers que là se rencontrent les premiers essais tentés par le monachisme pour s'introduire à Byzance.

Avant de leur consacrer quelques mots, je dois répéter que pas une des maisons religieuses dont Constantinople eut plus tard à s'enorgueillir ne remonte à ce laps de quarante-deux années. M. l'abbé Marin, je le sais, y place la fondation du monastère de Zoticus : mais ce monastère est absolument inconnu des byzantinologues, et personne jusqu'ici ne l'a signalé. De fait, Zotique n'a rien de commun avec un fondateur de monastère. Une phrase anonyme [1], copiée mot pour mot dans le *De Aedificiis* de Codinus [2], déclare qu'il procura le vivre et le couvert τοῖς ἐν τῷ Κυρίῳ ἀδελφοῖς; mais si l'on se reporte aux Ménées [3], où se retrouve cette même expression, on voit tout de suite qu'elle désigne non des moines, mais des lépreux. Les victimes de la lèpre et les orphelins, tels sont les clients que notre saint personnage couvrit de sa protection, soit durant sa vie, soit après sa mort. Lorsque Justin II et sa femme construisent une léproserie, ils lui donnent le nom de saint Zotique [4]; lorsqu'ils élèvent l'orphelinat Saint-Paul [5], ils veulent que cette maison ait un culte spé-

---

[1] Banduri, *Imp. Orient.* Éd. de Venise, I, p. 112.
[2] Migne, *P. G.*, t. CLVII, col. 568 *b*.
[3] Synaxaire de saint Zotique, le 31 décembre.
[4] Codinus, *op. cit.*, col. 568 *a* et 597 *b*.
[5] Ibid.

cial pour saint Zotique. Les personnes pieuses de Constantinople s'y réunissent, le 31 décembre, pour le fêter, et lui, ce grand secoureur des misères humaines, en reçoit le surnom d'Orphanotrophe [1]. Rien n'autorise, on le voit, à prendre Zotique pour un moine, encore moins pour le fondateur d'une maison religieuse. La mention de son monastère vient un peu tard à la fin du xn° siècle.

Isaac, le contemporain de Théodose, n'est cependant pas le premier moine qui ait mis les pieds à Byzance. Socrate y signale, peu après le concile de Nicée, la présence d'Eutychianos et d'Auxanon, deux Novatiens venus du mont Olympe, où ils menaient la vie solitaire [2]. Ces deux ermites, véritables monazontes de la campagne, préparaient sans le savoir l'éclosion des nombreux couvents qui devaient un jour s'épanouir sur tous les sommets, dans toutes les gorges de la Bithynie méridionale. Ils passèrent près de la Corne d'Or quelques jours à peine, juste le temps d'arracher à Constantin la grâce d'un condamné. On ne saurait voir en eux des moines de Constantinople.

Les premiers moines de la capitale, les premiers dont l'existence compte parmi les faits bien avérés, sont des hérétiques attachés au patriarche Macédonius. Macédonius, dit Sozomène [3], trouva un appui dans les nombreux monastères qu'il avait fondés à Constantinople. Ces couvents d'hommes et de femmes furent établis, au dire de Socrate [4], avec le concours de Marathonius, alors diacre, plus tard évêque de Nicomédie. Sozomène connaît, lui aussi, les attaches monastiques de ce Marathonius; il parle de lui à plusieurs reprises. Dans un passage [5], il nous le montre préposé aux hospices et aux monastères des deux sexes: dans un autre [6], il nous résume toute sa carrière. Avant la consécration épiscopale, cette carrière a la capitale comme unique théâtre. Le futur acolyte de Macédonius y débute par un emploi fiscal auprès du préfet du prétoire. Enrichi dans cette charge, il sort de l'administration, devient diacre et reçoit la

---

[1] Gédéon : Βυζ. Ἑορταλ. dans l'Ελλ. Φιλ. Σύλλογος, XXVI, p. 311.

[2] Hist. Eccl., I, 13. Migne, P. G., t. LXVII, col. 108 b. — Cf. Soz., Hist. Eccl., I, 14; Migne, P. G., t. LXVII, col. 904 b.

[3] Hist. Eccl., IV, 2, col. 1113 b.

[4] Op. cit., II, 38, col. 324 b.

[5] Op. cit., IV, 20, col. 1173 a.

[6] Op. cit., IV, 27, col. 1200 c.

haute surveillance des établissements charitables destinés a secourir les malades et les pauvres. Peu après, lorsque les instances d'Eustathe de Sébaste l'ont conduit à la vie religieuse, il établit un monastère qui perpétue seul à Constantinople les doctrines pneumatomaques.

Des hérétiques, tels sont donc les premiers religieux et les premières religieuses que l'histoire signale à Constantinople. Le nombre de leurs maisons n'est peut-être pas aussi grand que Sozomène veut bien le dire. On n'en regrette pas moins que ni lui ni Socrate n'aient songé à nous transmettre les noms de ces diverses fondations macédoniennes. Les deux historiens en parlent l'un et l'autre par ouï-dire et, sauf pour le cloître de Marathonius, comme de choses qui ont cessé d'exister.

C'est que les étroites relations de ces monastères avec l'hérésie ne réussirent pas à les sauver d'une ruine précoce. Elles contribuèrent plutôt à devancer leur chute. Fondées pour soutenir l'erreur et ne vivant que pour l'erreur, ces maisons devaient presque nécessairement disparaître lorsque le pouvoir civil et religieux cesserait de les patronner, à plus forte raison lorsqu'il se prononcerait contre elles. Les tracasseries de Julien suffirent à les anéantir. On les avait sans doute dotées avec les dépouilles des temples : mises par l'Apostat en demeure de rendre aux ministres du culte païen les locaux et les biens qu'ils avaient possédés, elles se trouvèrent du jour au lendemain dans la situation la plus précaire, et leurs membres, mal affermis contre l'épreuve, se soucièrent fort peu de souffrir pour la cause mauvaise qu'ils avaient eu avantage à défendre jusque-là. Ils se dispersèrent. Voilà pourquoi la ville de Constantin n'avait pas de monastères au temps de Valens.

Le couvent particulier de Marathonius dut subir lui-même une éclipse. Sozomène déclare qu'il subsistait encore au moment où il écrivait, et qu'il subsistait ainsi depuis sa fondation [1]. Cela se concilie mal avec ce que nous disent Callinique et le biographe de saint Isaac touchant le nombre des monastères constantinopolitains au lendemain de l'avènement de Théodose. Il faut supposer, malgré l'affirmation de Sozomène, qu'à cette époque la maison de Marathonius resta quelque temps fermée, ou tout

---

[1] *Op. cit.*, IV, 27, col. 1200 c.

au moins qu'elle tomba dans un tel état de décadence qu'elle ne méritait plus de compter. Peut-être aussi, à cause de son caractère franchement hérétique, les catholiques refusaient-ils de voir en elle un véritable couvent.

Jusqu'où d'ailleurs les disciples du patriarche hérétique et de l'hérétique évêque de Nicomédie pratiquaient-ils la vie religieuse? Pour si grande que fût leur bonne foi, pour si complète que fût leur régularité, Dieu ne pouvait les accepter pour les pères du monachisme byzantin. Sa Providence fit bien les choses. Les lois persécutrices de Julien détruisirent tout ce qui existait. La bonne volonté de Jovien n'eut pas assez de temps devant elle pour susciter le moindre mouvement. Quant à Valens, il n'était pas homme à prendre en main la cause des moines. Ces derniers luttaient dans tout l'empire, et presque à l'unanimité, contre l'hérésie arienne qu'il protégeait, lui, très ouvertement. Son rêve était de les annihiler, et pour cela de les confiner dans la solitude, loin des villes et des centres chrétiens. On connaît sans doute les paroles qu'il échangea du haut du portique impérial avec saint Aphraate, accouru lutter pour l'orthodoxie dans les murs d'Antioche : « Où vas-tu, dis-moi? — Prier pour votre empire. — Il fallait rester dans ta demeure, tu devais prier chez toi, conformément aux règles de la vie monastique. — Prince, vous parlez bien ; je devais agir de la sorte et je l'ai fait jusqu'ici, tandis que les ouailles du Sauveur jouissaient de la paix. Aujourd'hui que le calme a disparu et que le danger presse, l'heure est venue de tout mettre en œuvre pour les préserver, pour les sauver [1]... » Beaucoup, sinon par leurs paroles, du moins par leurs actes, tenaient à Valens le langage d'Aphraate, et l'autocrate arien ne savait plus comment s'y prendre pour les tenir éloignés des cités populeuses et des chaires épiscopales, où sa tyrannie installait des loups déguisés en pasteurs. Il résolut alors de leur porter la guerre en plein désert : le sang coula sous le glaive de la soldatesque dans les retraites les plus silencieuses de la Syrie; les mystérieuses profondeurs de Nitrie ne furent même pas épargnées. Tel était Valens, telle sa conduite vis-à-vis des moines. On ne pouvait s'attendre, dans ces conditions, à le voir en établir à Constantinople.

[1] Theod. Cyr., *Hist. Eccl.*, IV, 21. Migne, *P. G.*, t. LXXXII, col. 1185.

Que Valens, prince chrétien, ait employé la violence contre les religieux, cela surprend ; qu'il les ait astreints au service militaire et à l'acceptation des charges municipales qui pesaient alors d'un poids si lourd sur les citoyens, cela ne surprend guère; qu'il ait cherché tous les moyens de les tenir à l'écart, cela ne surprend pas du tout. C'est que, dans certaines provinces du sud et plus spécialement en Syrie, les successeurs des premiers ermites s'immisçaient beaucoup trop dans les affaires de ce monde, où souvent ils apportaient, sous prétexte d'un plus grand zèle, une plus grande confusion. Théodose, dont on sait les bienveillances pour le christianisme, Théodose lui-même leur enjoignit un jour, de par une loi [1], de vivre uniquement dans les solitudes. Si moins de vingt mois plus tard, en 392, il abrogea cette constitution par une constitution nouvelle [2], on n'en doit pas moins supposer que des abus sérieux lui avaient inspiré sa première décision.

Le monastère Saint-Jean-Baptiste de Valens, inutile de l'ajouter, n'avait donc rien de commun, au point de vue de son origine, avec le prince dont il portait le nom au vi⁰ siècle [3].

J'ai dit tout à l'heure que la persécution de Julien suffit à renverser les couvents macédoniens. Plus haut, je disais que la ville aurait encore possédé sous Valens quelque moine catholique, si le monachisme y avait pénétré dès Constantin et surtout par les soins d'une princesse orthodoxe comme sainte Hélène. Il y a là, pensera-t-on, une contradiction manifeste, ou du moins une indéniable partialité, car si les fondations hérétiques disparurent sous Julien, les fondations catholiques devaient également disparaître à la même date. A cette difficulté, la réponse n'est pas impossible.

S'ils avaient existé, s'ils avaient eu à subir les mesures vexatoires de l'Apostat, les couvents orthodoxes, forts de leur bon droit, n'auraient pas manqué de lui opposer une résistance plus vive que des monastères hérétiques désormais privés de tout secours de la terre et du ciel. Ils auraient cependant succombé d'une manière ou de l'autre; je le reconnais et n'ai jamais pré-

---

[1] Gust. Hänel, *Codices Greg., Hermog., Theodosianus.* Bonn, 1842, t. VI, p. 106.

[2] *Ibid.,* p. 108.

[3] Marin, *op. cit.,* p. 11 et 12.

tendu le nier. Mais en cédant à l'orage, mais en fermant les portes de cellules aimées, tous leurs moines ne seraient pas allés chercher un refuge bien loin. Quelques-uns auraient tenu à honneur de vivre encore à Constantinople, et la communauté catholique aurait pu compter au moins un religieux parmi les députés qu'elle envoyait à Valens.

On peut, à coup sûr, en dire autant de la dispersion des moines macédoniens, et dès lors supposer la présence de quelques-uns d'entre eux dans les murs de la capitale à l'heure même où le biographe de saint Isaac nous déclare : οὐκ ἦν ἐνταῦθα ἁγίας μο-ναχοῦ. Rien ne s'y oppose, pourvu que l'on ne prenne pas l'expression de l'hagiographe au pied de la lettre et qu'on la considère comme une manière énergique d'affirmer ce que l'ouvrage de Callinique exprime en d'autres termes : « Il n'y avait pas alors de monastère dans la ville de Constantin. »

Somme toute, si on laisse de côté les établissements charitables pour s'en tenir aux seuls monastères proprement dits, les fondations de Macédonius et de Marathonius ne furent qu'une tentative infructueuse, qu'un essai prématuré, éphémère, infécond, sans influence aucune sur le monachisme byzantin, sans résultat d'aucune sorte sur la naissance des grandes maisons religieuses qui devaient subsister à Constantinople des siècles durant, et faire de cette ville la rivale heureuse des solitudes les plus renommées.

## IV. — Sous Théodose et sa dynastie

Avec Théodose Ier s'ouvre pour Constantinople l'ère des couvents historiques. Les vrais commencements du monachisme byzantin, du monachisme durable, coïncident avec le règne de ce prince. Ceux-là n'en seront point surpris qui savent, autant qu'on peut le savoir aujourd'hui, en quel pays l'ascétisme chrétien se montre pour la première fois et comment il s'est propagé de là dans le monde. Lorsqu'on a, tant bien que mal, suivi du regard sa marche conquérante à travers les différentes zones de l'empire romain, l'on s'étonnerait de le voir définitivement établi sur les rives du Bosphore avant les dernières années du IVe siècle.

Née, comme institution particulière, dans les déserts de l'Égypte, la vie monacale déborde en premier lieu sur la Palestine et sur la Syrie. De bonne heure la Cappadoce et les provinces environnantes deviennent pour elle un champ favorable et fécond. Avec Euthyme, Théoctiste, Théodose, Sabas et vingt autres, il en descendra les plus illustres anachorètes et les cénobites les plus renommés, dont les alentours de Jérusalem admireront au ve siècle les miracles et les vertus [1].

Ces migrations vers le sud s'expliquent aisément. L'attraction mystérieuse exercée par les Saints Lieux est dès lors très grande. De plus, à la vie du moine, telle qu'elle est comprise au début, il faut des conditions climatériques toutes spéciales. Les grands froids qui sévissent une bonne partie de l'année sur les plateaux de l'Asie Mineure ne lui conviennent pas. Son idéal consiste à calquer, autant que possible, les faits et gestes d'un Antoine ou d'un Pacôme. Et comment les calquer sous un ciel qui ne rappelle en rien le ciel sous lequel les modèles ont vécu, dans une contrée qui diffère tant de la contrée où ils ont fleuri, au milieu d'une végétation qui ressemble si peu à la végétation qui les entourait ?

Tous pourtant ne raisonnent pas de la sorte. Des novateurs fort sensés ont remarqué depuis longtemps déjà que le fond de la vie parfaite peut très bien subsister en dehors de certaines formes accidentelles uniquement imposées par les circonstances. Ils ont introduit des pratiques particulières, et nombre de leurs compatriotes ont répondu à leur vocation sans avoir à s'expatrier. Léonce, plus tard évêque d'Ancyre, et Prapidius, recteur de la Basiliade à Césarée, se croient d'excellents religieux sans imiter servilement l'exemple des premiers ermites.

A l'époque où ils fleurissent, un peu après saint Basile, le Pont cache un nombre de moines beaucoup plus considérable que la Cappadoce. Là, comme en Arménie, où le fameux Eustathe vient de mourir, l'action de cet évêque, indiscret dans son zèle, n'a pas laissé de porter des fruits. Bien que le concile de Gangres ait jeté depuis longtemps l'anathème à ses excès, il s'est trouvé des chrétiens par centaines pour écouter sa voix, pour s'engager après lui dans le chemin de la perfection. Le Pont et l'Arménie s'offrent ainsi comme des centres fort actifs de

---

[1] Sur les moines de Palestine, cf. S. Vailhé, *Les Premiers monastères de la Palestine*, dans le *Bessarione*, III, p. 39, 209, 334 ; IV, 193. *Le Monastère de Saint-Théoctiste*, dans la *Revue de l'Orient chrétien*, III, p. 58.

vie monastique. Ils passent même, à ce point de vue, avant la patrie de saint Basile.

Les autres provinces de l'empire ne sont pas aussi privilégiées. Elles possèdent toutes, il est vrai, quelques ermites semés de ci et de là ; mais quelques-unes arrivent à la fin du iv⁰ siècle sans connaitre pratiquement ce qu'est un monastère. Il est temps pour elles d'emprunter à leurs sœurs plus riches une part du trésor qui leur manque. Constantinople et ses environs sont au nombre des contrées qui tendent la main. Ses relations par mer avec Alexandrie, relations fréquentes et directes, étaient de nature, semble-t-il, à la satisfaire sans passer par des intermédiaires et sans attendre si longtemps. Le triomphe de l'arianisme ne lui a pas laissé les moyens de mettre cet avantage à profit et la voici, après des essais malheureux, qui réclame de tous côtés des moines catholiques. L'Orient, l'Égypte et l'Arménie lui consentent volontiers cette aumône. Leurs enfants vont accomplir dans la capitale, pour le triomphe du bien, ce que Macédonius y a tenté pour asseoir le règne du mal, et leur œuvre durera autant de siècles que celle de ces deux hérétiques a duré d'années. Isaac, qui fonde en 382 sous les murs de Constantin, est un ermite d'origine syrienne. Les moines que Rufin établit au Chêne proviennent des bords du Nil. Jonas, qui bâtit en Thrace le couvent d'Halmyrissos, est un compatriote d'Eustathe.

Comme on le voit, c'est de tous les points où elle a jeté de profondes racines que la vie religieuse converge à Constantinople ; mais elle y converge tardivement. Elle n'a pas voulu s'y rendre plus tôt, alors que, toute jeune et toute faible, elle craignait encore le bruit des villes et le voisinage des grands. Au lieu de s'y transporter d'un bond au gré des Pneumatomaques, elle a préféré suivre une marche régulière et ne s'étendre que de proche en proche. Le ciel d'Alexandrie et d'Antioche convenait seul à son tempérament primitif. Si elle a fait effort pour s'acclimater sans retard autour de Sébaste et auprès de Césarée, c'est que les chrétiens du pays avaient, comme Callinique l'affirme des Arméniens [1], un esprit naturellement plus religieux. Rien, au contraire, ne la poussait à s'établir si vite dans les autres provinces du nord.

[1] *Op. cit.*, p. 11.

A nous d'étudier son installation sur les rives de la Corne d'Or. Il est malaisé, même en prêtant un œil attentif à sa venue, d'en consigner tous les détails ; on peut du moins en retracer les grandes lignes. Pour ce faire, le mieux est encore de présenter en quelques pages l'histoire des principaux fondateurs et des fondations les plus importantes.

En général, les maisons religieuses de Constantinople taisent complètement les faits et gestes de leur début, et le manque absolu de renseignements demande que l'on garde provisoirement le silence à leur endroit. Seuls les monastères de Dalmate, de Rufinianes et des Acémètes se présentent à nous avec la première page de leurs annales à peu près conservée. C'est par eux, par l'examen de leurs origines, qu'il faut de toute nécessité se faire une idée de l'ensemble.

Les établissements de Dalmate, de Rufinianes et des Acémètes sont tous les trois des monastères d'hommes. Il serait important, pour compléter le tableau, de mettre à leur suite, sous les yeux du lecteur, un couvent de femmes ; mais la chose est pour le moment difficile. Aucun des cloîtres féminins parus dans la période qui nous intéresse n'est assez connu, pas même celui de Sainte-Olympiade, malgré les nombreuses lettres de saint Jean Chrysostome à l'illustre veuve et les pièces publiées naguère dans les *Analecta Bollandiana* [1].

### A. *Monastère de Dalmate.*

L'occasion s'est offerte déjà de mentionner la maison de Dalmate et de montrer son origine. M. l'abbé Marin, on s'en étonnera, ne l'a point cataloguée parmi celles qui virent le jour sous le règne de Constantin. Autant et plus que certaines autres pourtant elle a droit à cette haute antiquité. Codinus ne l'attribue-t-il pas au patrice Dalmatios [2] ? L'Anonyme ne déclare-t-il pas que ce Dalmatios est le neveu de Constantin le Grand [3] ? Flavius Julius Dalmatus, neveu de Constantin, fut tué sous les yeux de son cousin Constance en 337 ou, au plus tard, en 338. On voit d'ici l'antiquité du monastère construit à ses frais. Mais,

---

[1] XV. 400. et XVI, 40.
[2] *Op. cit.*, col. 609 a.
[3] *Op. cit.*, col. 1265 d.

hélas ! le malheureux patrice, l'infortuné César, pour lui donner son vrai titre, n'a rien bâti de pareil. Il faut le dire avec Banduri : « Quod ait scriptor noster, monasterium Dalmati aedificatum fuisse a Dalmato patricio, Constantini Magni ex fratre nepote, nugae sunt ac naniae ; siquidem Dalmatus ille, a quo monasterium nomen accepit, sub Theodosio juniore florebat, qui una cum Fausto filio, sancti Isaacii consuetudine usus ac colloquiis persuasus, in monasterio, quod de ejus nomine postmodum appellatum fuit, se inclusit [1]. »

Isaac, Dalmate et Faustus, telle est donc la trinité de saints qui se trouve à la base de notre couvent.

Isaac est un Syrien. Son audace en face de Valens, sa prophétie relative à la mort du prince, le rendent célèbre dans la capitale où il vient de se fixer. Dès 382, les disciples accourent à ses côtés ; leur nombre nécessite bientôt l'érection d'un monastère, qui est encore le seul de Constantinople en 384 [2].

Pourquoi M. l'abbé Marin écrit-il : « Saint Grégoire de Nazianze fit construire, dans la ville impériale passée tout entière à l'arianisme, l'église catholique et le monastère d'Anastasie [3] ? » Pourquoi dit-il, à propos de saint Jean Chrysostome : « Il reçut, dans le monastère de l'Anastasie, le diacre Cassien.....; il y donna asile et protection à des moines d'Alexandrie, les Grands-Frères.... [4] » Parler de la sorte, c'est donner à saint Isaac un devancier qu'il n'a pas. De fait, l'Anastasie de saint Grégoire ne fut jamais qu'une église destinée aux fidèles : plusieurs vers du saint docteur le prouvent surabondamment [5], sans parler d'autres documents très explicites, comme, par exemple, la dernière Vie de saint Marcien [6]. L'Anastasie, ou plus exactement peut-être le temple dédié à sainte Anastasie, martyre [7], était encore une simple église sous l'épiscopat de Chrysostome. J'ignore sur quoi l'on s'appuie pour affirmer que l'auteur des Collations y a vécu : Cassien, du moins, ne le dit pas lorsqu'il parle de son séjour à

---

[1] *Imp. Orient.* Éd. de Venise, II, p. 513.
[2] Callinique, *op. c.,* p. 8.
[3] *Op. cit.,* p. 12.
[4] *Op. cit.,* p. 14.
[5] Migne, *P. G.,* t. XXXVII, col. 1103, 1234 et seq.
[6] Papadopoulo-Kérameus : Ἀνάλεκτα Ἱεροσολυμιτικῆς Σταχυολογίας. Petersbourg. 1897, t. IV, p. 261.
[7] Papadopoulo-Kérameus, *op. cit.,* p. 260 et 261.

Constantinople [1]. Quant aux Grands-Frères, ils furent hébergés
dans les dépendances de l'église, mais ces dépendances ne cons-
tituaient pas un couvent. La preuve en est dans le terme même
de μοναί, employé au pluriel dans la phrase où Palladius nous
renseigne sur la résidence des proscrits. Il écrit : Δοὺς αὐτοῖς ἐν
τῇ Ἀναστασίᾳ καλουμένῃ ἐκκλησίᾳ μονὰς πρὸς τὴν ἀνάπαυσιν [2], et par là
il montre assez qu'il conserve à μονή son acception plus ancienne et très répandue de *logement*, de logement pour voyageur
ou pour étranger; le traduire autrement serait un contresens.
Pour rencontrer à Constantinople la mention d'un monastère
dédié sinon à l'Anastasie, du moins à l'Anastasis, il faut attendre
l'élection du patriarche Théodote en 1151 [3], et la fondation de
Georges Acropolite vers 1261. Le couvent de 381-382 n'a donc
rien à craindre de ce côté pour sa priorité.

Dalmate et Faustus, son fils, comptent parmi les premiers
disciples d'Isaac, parmi les premiers hôtes de son cloître. Tandis qu'ils y vivent dans une retraite absolue, leur supérieur se
prodigue au dehors. Il pousse avec un zèle enflammé à la fondation de maisons religieuses pareilles à la sienne. Ces maisons
une fois établies, il les visite fréquemment, soit pour implanter
chez elles les vraies traditions, soit pour exciter leurs membres
à la vertu. Son action va si loin que saint Jean Chrysostome en
ressent de l'ombrage.

Chrysostome est un ami sincère des moines. Il a partagé lui-
même leur genre de vie dans les montagnes voisines de sa ville
natale; il a souvent leur éloge à la bouche dans ses homélies.
Mais s'il les admire, mais s'il veut leur développement [4], il est,
par contre, infiniment jaloux de son autorité. Il a de plus sur la
vie religieuse des idées bien arrêtées. Que ses adeptes vivent
tranquilles au fond de leurs couvents, et il leur fournira le
nécessaire [5]. Qu'ils obéissent au désir de leur évêque, lorsque
celui-ci, désireux de ne pas tenir davantage la lumière sous le
boisseau, voudra les appeler aux ordres sacrés; qu'ils n'aillent

[1] *De Incarnatione*, VII, 31.
[2] Palladius, *Dial. de Vita S. Joannis Chrysost.*, VII. Migne, *P. G.*, t. XLVII, col. 25.
[3] Ephrem, vers 10173 et 10174. Migne, *P. G.*, t. CXLIII, col. 372 b.
[4] Callinique, *op. cit.*, p. 23.
[5] Sozomène, *Hist. Eccl.*, VIII, 9. Migne, *P. G.*, t. LXVII, col. 1540 b.

pas lui mordre le doigt [1], lorsqu'il voudra leur imposer les mains, et il n'aura pour eux que des éloges [2]. Mais s'ils entendent, n'étant ni diacres ni prêtres, quitter leurs cellules et courir les rues, gare à eux [3]! Cette menace est nécessaire par un temps où l'ascétisme se transporte de la campagne dans les cités, par un temps où les religieux affluent dans les villes, non pour y constituer des maisons régulières, mais pour y vivre en gyrovagues, se mêlant de tout, quémandant partout.

Sans partager ces excès ni les approuver, Isaac nourrit sur le rôle du moine des idées peu conformes à celles de Chrysostome. Celui-ci vise par-dessus tout à ne point laisser relâcher les liens de la hiérarchie; celui-là se laisse emporter par son zèle sur tous les théâtres où le bien des âmes est à procurer. Avec de pareilles divergences de vues, ces deux hommes, animés des meilleures intentions, en viennent à combattre l'un contre l'autre en deux camps rivaux.

Ici, ou l'a peut-être remarqué, j'identifie saint Isaac, le fondateur du monastère de Dalmate, avec le moine Isaac que Palladius [4] et Sozomène [5] rangent parmi les antijohannites les plus acharnés. Cette identification, je me hâte d'en avertir, n'est pas certaine; elle est fort probable pourtant. C'est, de part et d'autre, d'un Isaac qu'il s'agit, et d'un Isaac syrien, et d'un Isaac chef de moines. Dans le portrait du second, légèrement noirci peut-être par Palladius, il est peu de traits qui ne puissent convenir à la fougue de caractère qui semble avoir caractérisé le premier. Les saints ne sont pas saints dans tous leurs actes. Qu'un homme, vertueux d'ailleurs, ait cru travailler à la gloire de Dieu en s'employant à ruiner l'évêque Jean, et en s'y employant avec une activité fébrile, cela ne doit pas nous surprendre outre mesure. Épiphane est sur les autels, et son dernier voyage de Chypre à Constantinople n'avait pas précisément pour but d'affermir Chrysostome sur le siège épiscopal de la capitale. Attique est sur les autels, et rien de sa part, ni ses longues intrigues [6],

---

[1] Callinique, *op. cit.*, p. 24.
[2] Callinique, *ibid.*
[3] Sozomène, *l. c.*
[4] *Dial. de Vita S. J. Chrys.*, VI et VIII. Migne, *P. G.*, t. XLVII, col. 21 et 29.
[5] *Hist. Eccl.*, *loc. prox. cit.*
[6] Palladius, *op. cit.*, XI. Migne, *P. G.*, t. XLVII, col. 37.

ni sa déposition devant les complices de Théophile [1], ne visait à blanchir Chrysostome. Maruthas est sur les autels, et sa lourde chaussure de missionnaire persan n'aurait pas écrasé le pied de Cyrinus à Chalcédoine, s'il avait compté en 403 parmi les partisans de Chrysostome [2]. Cyrille est sur les autels, et sa présence au conciliabule du Chêne, présidé par son oncle, ne permet guère de le ranger dès lors au nombre des amis de Chrysostome. Pourquoi saint Isaac n'aurait-il pu faire comme saint Épiphane de Salamine, comme saint Attique de Constantinople, comme saint Maruthas de Tigrite, comme saint Cyrille d'Alexandrie?

On me dispensera de m'étendre sur les autres détails d'une existence que deux biographes peu dignes de foi sont les seuls à nous raconter. Le seul point qui mériterait encore de nous retenir autour d'Isaac serait la date de sa mort. On la place généralement en 383. Pour montrer avec textes à l'appui combien cette date est fausse, il faudrait excéder les bornes de cet article et ouvrir une parenthèse trop grande. Qu'il suffise donc de noter ceci : les données fournies par Callinique [3] montrent Isaac encore vivant après 404, et telle Vie de saint Dalmate [4] oblige à le conserver sur la terre encore plus tard.

Après saint Isaac, Dalmate, son disciple et successeur, s'impose à notre attention. Parler de celui-ci, c'est compléter les quelques lignes consacrées à celui-là, car l'histoire de ces deux hommes se compénètre durant de longues années. Malgré tout cependant, ils ont chacun leur personnalité distincte, et je ne sais trop vraiment ce qu'ils pensent au ciel de se voir identifiés, dans tel calendrier, sous le nom jusqu'ici inconnu d' « Isaac le Dalmate. »

Dalmatos ou Dalmatios tire son origine de l'Orient. Officier de la garde, il est obligé de tenir garnison dans la capitale. Il y vit avec sa femme, une Orientale comme lui, et avec ses deux enfants, un garçon appelé Faustus et une fillette dont l'histoire n'a pas conservé le nom. Jeune encore et bon catholique, il

<hr>

[1] Photius, *Biblioth.* codex 59. Éd. Bekker, Berlin, 1824, p. 19.

[2] Bien que Maruthas fût « dans le barathre, » saint Jean Chrysostome exilé l'estimait beaucoup, comme l'atteste une de ses lettres à Olympiade (Migne, *P. G.*, t. LII. col. 618).

[3] *Op. cit.*, p. 23. Cf. p. 114.

[4] Banduri, *Imp. Orient.* Édit. de Venise, II, p. 515 c, e et 516 a.

rêve sans doute d'un avenir brillant sous un prince comme Théodose. Soudain la vue d'Isaac jette dans son cœur les désirs d'une perfection plus haute. Il prêche longuement sa femme, une femme excellente, mais qui ne veut pas se laisser persuader. A la fin tout s'arrange : l'épouse comblée de biens se retire avec sa fille au foyer paternel ; le mari, libre de toutes chaînes, entre avec son fils dans le monastère.

Cet événement se réfère à l'année 383. Il est nécessairement postérieur au 14 novembre 380, car Dalmate fait la connaissance d'Isaac en accompagnant Théodose auprès de lui [1], et c'est le 14, sinon le 24 novembre 380, que Théodose entre à Constantinople pour la première fois. Il est nécessairement postérieur à juillet 381, car à cette époque Isaac est encore un ermite sans disciples, auquel va suffire la chétive cellule que Saturnin s'apprête à bâtir. On doit le placer en 383. Les deux Vies du saint affirment, en effet, que Dalmate se trouvait enfermé dans son monastère depuis quarante-huit ans [2], lorsque les intérêts de l'orthodoxie le forcèrent, en 431, à prendre le chemin du palais impérial. 431 moins 48 donnent 383.

Mais que fait le jeune officier au lendemain de sa prise d'habit ? Sa femme et sa fille n'ont pas tout emporté avec elles en Orient : une fortune considérable lui reste. Il l'emploie sans doute à bâtir de nombreuses cellules autour du modeste ermitage élevé pour Isaac en 381, durant le dernier semestre de l'année. Il la distribue aussi en aumônes à la porte du couvent. Tous les pauvres de la ville et des environs entendent parler de ses largesses ; tous, en se rencontrant, se disent les uns aux autres : « Allons au seigneur Dalmate. » Le nom du bienfaiteur mille fois répété s'imprime dans les mémoires, et le monastère d'Isaac devient dès lors ce qu'il sera toujours, le monastère de Dalmate [3].

Ce n'est pas que le nouveau moine coure après le bruit. Entré dans le cloître, il y reste obstinément silencieux et caché, tout entier à la prière et au travail de la perfection. Autant son maître affronte le siècle et se dépense au dehors, autant lui réserve ses forces pour l'intérieur. A la mort d'Isaac, alors que,

[1] Gédéon : Βυζ. Ἑορταλ. dans ΓΕλλ. Φιλ. Σύλλογος. XXVI, p. 261.
[2] Banduri. *Imp. Orient.*, II, p. 517 d. — Gédéon, *op. cit.*, p. 243.
[3] Banduri, *op. cit.*, p. 515.

choisi pour le remplacer à la tête de son monastère, il semble
tout désigné pour continuer également ses œuvres extérieures
et devenir le chef agissant du monachisme constantinopolitain.
Il ne veut absolument point se départir de son genre de vie et il
continue à ne jamais franchir le seuil de son monastère. Un
mouvement sismique, une calamité quelconque, viennent-ils
jeter la capitale dans l'épouvante et réunir la population tout
entière dans une de ces « litanies » solennelles qui sont destinées à détourner la colère du ciel, Dalmate s'abstiendra d'y
prendre part, et si l'empereur, accouru en personne dans le
monastère, multiplie ses efforts pour l'y attirer, l'empereur se
heurtera aux multiples refus du saint [1].

En 431 cependant, les rues de la capitale aperçoivent Dalmate. C'est pour la première fois depuis bientôt un demi-siècle.
Il a fallu, pour le déterminer, une lettre suppliante du III⁰ concile. Les Pères convoqués à Éphèse sont les victimes des machi-
nations ourdies par Nestorius et ses amis ; la vérité se trouve
impuissante à se frayer un chemin jusqu'au trône de Théodose II. L'archimandrite reclus mettra-t-il cette fois son amour
de la retraite au-dessus des intérêts les plus graves de la ca-
tholicité? Il se décide à la démarche que l'on sollicite de lui. A
sa voix, higoumènes et moines de Constantinople s'ébranlent ;
Dalmate se met à leur tête et les conduit, au chant des psaumes,
jusque sous les fenêtres du palais. On devine ce que ressentit
de trouble et d'impression, à la vue d'une manifestation si gran-
diose, le prince faible et religieux qu'était le fils d'Arcadius. Une
audience fut accordée, le véritable état des choses fut dévoilé,
la procession monacale reprit sa marche à travers la ville, dans
la direction de l'église Saint-Mocius, et l'hérésie qui, jusque-là,
paraissait triomphante, ne cessa plus dès lors de perdre chaque
jour du terrain.

J'ai dit un mot de la correspondance échangée à cette occasion entre le concile d'Éphèse et l'archimandrite Dalmate ; je
n'en parlerai pas davantage. Telle qu'elle nous est parvenue,
interpolée ou non, une des lettres du synode confère au monastère fondé par Isaac un droit perpétuel de prééminence et de
suprématie sur toutes les autres maisons religieuses de la capi-

[1] Banduri, *op. cit.*, p. 548.

tale. C'est là une question très importante et dont l'étude, pour être sérieuse, réclamerait de trop longs développements. Mieux vaut s'en abstenir pour le moment.

Avant comme après le concile et malgré la rigueur de sa claustration, Dalmate est le vrai père et le vrai chef des moines de Constantinople. Le biographe de son contemporain saint Hypace lui reconnaît cette qualité [1]. D'autres monuments attestent la grande influence qu'il exerce dans tout l'empire. Épiphane, archidiacre d'Alexandrie, demande qu'on le fasse intervenir auprès de Théodose pour obtenir que le nom de Nestorius soit définitivement retranché de tous les diptyques. Le patriarche Proclus parle de lui avec les plus grands éloges dans une lettre adressée à Jean d'Antioche.

Cette pièce est la dernière qui mentionne Dalmate vivant. Comme elle date, d'après Tillemont, de l'année 437, elle permet de reporter la mort de l'illustre archimandrite aux environs de 440. Ce que l'on sait d'une manière certaine, c'est qu'il s'éteignit sous le patriarcat de Proclus (434-447) et quelques années avant saint Hypace († 446).

Il s'éteignit dans son monastère. L'*Oriens christianus* énumère un Dalmate, moine, parmi les prélats qui furent élevés, dans la première moitié du v⁴ siècle, sur le siège épiscopal de Cyzique [2]. M. Gédéon s'est aperçu de la chose, et, vite, dans un passage relatif à l'archimandrite constantinopolitain, il a imprimé la petite note que voici : « Le Quien s'est trop pressé d'écrire que Dalmate devint métropolite de Cyzique [3]. » N'est-ce pas M. Gédéon qui n'a pas assez réfléchi avant d'écrire la note en question ? Le Quien n'identifie nullement Dalmate, évêque de Cyzique, avec Dalmate, archimandrite de Constantinople ; il dit simplement qu'un moine nommé Dalmate fut appelé, vers 426, à gouverner l'Église de Cyzique, et s'il le dit, c'est que tel ou tel auteur byzantin a dû l'écrire avant lui. Il ne donne aucune référence, il est vrai, mais on peut y suppléer. Que M. Gédéon veuille bien se reporter à la *Chronographie* de Théophane [4] et il y trouvera, en grec, la phrase dont l'*Oriens christianus* ne pré-

---

[1] Callinique, *op. cit.*, p. 39.
[2] T. I, col. 752.
[3] *Op. cit.*, p. 240.
[4] Migne, *P. G.*, t. CVIII, col. 233 c.

senle guère que la traduction latine. La seule variante à noter,
c'est que le nom du prélat, écrit Dalmatios dans telle édition,
devient Dalmatinos dans telle autre.

Dalmate, l'archimandrite, eut Faustus, son fils, pour successeur. L'Église grecque fait mémoire de Faustus ainsi que d'Isaac
le 3 août, en la fête de saint Dalmate; mais tandis qu'Isaac est
également honoré le 30 mai, Faustus, lui, ne figure à aucune
autre date dans les calendriers liturgiques. Il n'y a pas lieu de
s'en étonner : sa vie n'a jamais été bien connue ni son nom
jamais populaire. Évagre le nomme une fois à propos du IV° concile: « Faustus et d'autres moines, dit-il, supplièrent l'empereur
de jeter un voile sur les errements de la gent monastique anté-
rieurs au synode [1]. » En dehors de ce renseignement, l'histoire
est muette sur le fils de saint Dalmate.

Parmi les supérieurs qui dirigèrent son monastère dans la
suite des siècles, on connaît les suivants : Alexandre, qui signe
en 518; Marianus, qui prend part au synode de 536; Timothée,
qui meurt vers 560; Anthime, qui fleurit sous les dernières
années de Justinien : saint Hilarion le Jeune, qui souffre pour les
images et meurt après leur triomphe, en 845 ou 846.

A cette époque tardive, le couvent de Dalmate reste encore officiellement le premier de Constantinople peut-être, mais l'influence véritable est passée ailleurs. Au commencement du
VI° siècle, Macédonius II, accusé de complaisance trop prononcée
à l'égard de l'empereur Anastase, s'est vu dans l'obligation d'al-
ler excuser sa conduite par-devant les moines de Dalmate [2] : ce
n'est plus à cette barre que se présenterait, au moment des
luttes iconoclastes, tout patriarche réduit à plaider la cause de
son orthodoxie ; il irait plutôt chez les Studites. C'est que, depuis les jours de saint Isaac, son monastère a traversé des
heures mauvaises : Constantin Copronyme n'a pas même craint
de le transformer en caserne [3]. Les soldats, il est vrai, n'ont fait
que passer et les moines sont revenus ; mais, en dépit des vertus de
saint Hilarion, leur higoumène, ils n'ont pas réussi et ils ne réus-
siront jamais à rétablir leur maison dans sa première splendeur.

---

[1] *Hist. Eccl.*, l. II. Compend. Act. Conc. Chal. Migne, *P. G.*, t. LXXXVI,
col. 2581 d.

[2] Théophane, *Chronographie*; Migne, *P. G.*, t. CVIII, col. 365 b.

[3] Théophane, *op. cit.*, col. 893 a.

B) *Monastère de Rufinianes.*

Après le couvent fondé par Isaac, il faudrait consacrer un mot à celui de saint Dius. On ne possède malheureusement aucun détail relatif à ses débuts : mieux vaut porter nos pas ailleurs, au *proasteion* du Chêne, par exemple.

Le faubourg chalcédonien du Chêne s'est fait une place peu glorieuse dans l'histoire ecclésiastique, en donnant l'hospitalité aux prélats qui déposèrent saint Jean Chrysostome en 403. Sa position, fort discutée jusqu'ici, est une de celles qui se laissent indiquer avec le plus de précision et dont on n'a plus le droit de douter. Quant à son histoire, elle se confond presque tout entière avec celle du palais, de l'église et de la maison religieuse bâtis par Rufin. Du Cange l'a résumée très sommairement à propos du château de Chalcédoine [1], qui n'a rien à démêler avec le faubourg. Il lui a de plus consacré quelque chose comme deux lignes parmi les couvents de la banlieue [2]. Rien de prolixe, on l'avouera, pour un monastère sur lequel il serait aisé d'écrire aujourd'hui tout un long travail. Qu'il suffise ici de rappeler brièvement tout ce qui touche aux débuts du monachisme constantinopolitain dans les fastes du Chêne ou de Rufinianes.

Saint Isaac a donné le branle, Théodose encourage ses initiatives, tout le monde favorise la construction des monastères. La mode est là ; il s'agit tout ensemble de plaire à Dieu et de plaire au prince : dévots et courtisans rivalisent d'ardeur. Que ne doit point faire en ces conjonctures un homme qui se prépare au baptême et qui désire se maintenir dans la faveur impériale ? Frère de sainte Silvie la pèlerine et ministre rempli de ruse gasconne, Rufin sait fermer pour un instant l'oreille à la voix de son avarice, et là, tout près, sur la côte de Bithynie, dans ce faubourg du Chêne qui va recevoir du coup le nom de Rufinianes, à côté du palais destiné aux villégiatures du ministre, à côté de l'église Saint-Pierre et Saint-Paul, où le plus riche des tombeaux attend son dernier sommeil, un quadrilatère s'élève, un quadrilatère de cellules qui ouvrent leurs portes toutes neuves à la vie priante et retirée du religieux.

[1] *Const. christ.*, l. IV, p. 122.
[2] *Ibid.*, p. 129.

Pour le peupler, Rufin veut de vrais moines, des moines pliés à la pratique de leur règle et pénétrés des meilleures traditions. Il ne saurait les trouver à Constantinople, où le monachisme est né d'hier. Il les demande à l'Égypte ; l'Égypte répond à ses désirs ; le couvent du Chêne est fondé.

La protection du tout-puissant ministre semble lui promettre de glorieuses destinées. A l'avenir de réaliser les espérances que l'on conçoit durant les fêtes de l'inauguration, le jour où Rufin se plonge dans les eaux du baptème. L'avenir, hélas ! ne les réalisera pas. Le 27 novembre 395, vingt ou trente mois après l'achèvement des travaux, le fondateur de Rufinianes tombe victime des haines qu'il a dès longtemps amassées contre lui. Aussitôt ses protégés reprennent le chemin d'Alexandrie, et leur couvent reste abandonné à toutes les intempéries des saisons.

Celui que la Providence destine à le relever et à lui procurer une existence moins éphémère s'exerce à ce moment même à la vie religieuse sous la conduite de Jonas. Jonas est un Arménien que le hasard des enrôlements militaires a conduit sur les rives du Bosphore. Un jour, en 386, il obtient son congé du petit Auguste Arcadius, et, sans plus de retard, il se retire en Thrace, au village d'Halmyrissos, où des paysans lui construisent un ermitage. Qu'on ne s'étonne pas de voir cet humble soldat rêver ainsi de la vie religieuse. Constantinople, sans doute, ne lui a pas donné cette vocation, car Isaac et ses disciples sont encore très probablement les seuls moines bien établis à Constantinople ; mais il en a vu beaucoup là-bas, dans sa lointaine patrie, autour de Sébaste, et il sait par leurs leçons et par leurs exemples comment le chrétien peut mener dès ici-bas la vie des anges. Toute son ambition est de les imiter [1].

Hypace, âgé de vingt ans, devient un de ses premiers disciples. Né en Phrygie, il a quitté sa terre natale dès 384, en quête d'un monastère fervent, et il s'est dirigé vers l'ouest ; mais les monastères, fervents ou non, sont encore chose à peu près inconnue aux environs de la capitale, et le jeune homme est obligé d'attendre plus de vingt mois l'occasion favorable qui le met en relation avec Jonas. Reçu parmi les disciples de ce dernier, il prend part à la construction du monastère que nécessite

---

[1] Callinique, *op. cit.*, p. 10 et 11.

l'affluence des postulants, puis il s'y livre durant de longues années à la pratique de la vertu.

Sur la fin du siècle, une visite de son vieux père et des affaires de famille l'entraînent à Constantinople. Il s'y fixe dans un faubourg, où il vit en parfait religieux jusqu'au jour de son installation à Rufinianes.

Le v⁴ siècle commence. Trois ou quatre hivers ont passé, depuis le départ des Égyptiens, sur leurs cellules désertes : pour si neuves qu'elles fussent en 397, elles ont pris maintenant toutes les apparences d'une ruine. Hypace les trouve assez délabrées pour lui tenir lieu de la caverne qu'il cherche. Il s'y arrête, et ses deux compagnons, Timothée et Moschion, s'y arrêtent comme lui.

Tandis qu'Halmyrissos prospère avec ses quatre-vingts religieux, Rufinianes commence à recevoir quelques postulants. On y rencontre dès 403 une petite communauté. Le conciliabule antijohannite se réunit en dehors d'elle ; mais, à la mort d'Ammonios, l'un des Longs-Frères, elle obtient de lui rendre les derniers honneurs et de l'ensevelir dans son oratoire particulier.

Ce n'est encore là pourtant qu'un monastère en formation, où l'on ne sait d'une manière précise à qui obéir. Timothée ne veut pas commander lui-même, mais il ne veut pas davantage laisser le commandement entre les mains d'Hypace. Toujours humble et doux, celui-ci reprend vers 405 le chemin d'Halmyrissos. Lui parti, ses compagnons ne tardent pas à comprendre ce qu'ils ont perdu. Ils profitent, en 406, d'un voyage de Jonas dans la capitale pour obtenir qu'il leur renvoie saint Hypace. Au retour du fugitif, ils reconnaissent tous son autorité, et dès lors s'ouvre pour lui cet higouménal de quarante années qui ne doit prendre fin qu'au mois de juin 446.

Il n'y a pas lieu de raconter ici tous les événements de ces années fécondes. Hypace nous y apparaîtrait le plus souvent comme un autre saint Dalmate plus heureux de garder la cellule que de s'agiter au dehors ; mais quelquefois aussi nous le verrions sortir de son calme ordinaire et revêtir pour un intérêt supérieur le zèle actif d'un saint Isaac. Ordonné prêtre par Philothée de Chalcédoine, il va chaque dimanche célébrer à la basilique des saints apôtres Pierre et Paul. Sommé par Monaxios de lui rendre ses quatre esclaves devenus religieux, il court chez lui et le ramène à des sentiments plus chrétiens. Témoin des persécutions infligées à l'archimandrite Alexandre, il le recueille dans son monastère en dépit des menaces épiscopales. Informé de l'élévation de Nestorius au siège de Constantinople, il annonce, avant que le nouveau prélat arrive d'Antioche, au bout de combien de temps il fera fausse route dans la foi. Averti de ses premières prédications hérétiques, il ne tolère pas davantage la présence de son nom sur les diptyques de l'église des saints apôtres, et cela malgré les ordres contraires de l'évêque Eulalios. Prévenu du prochain rétablissement de certains jeux olympiques au théâtre de Chalcédoine, il supplie le même prélat de s'y opposer, et comme celui-ci refuse d'agir auprès de Léonce, préfet de Constantinople, unique organisateur de cette fête toute païenne, il projette, de concert avec les higoumènes des environs, une manifestation monacale dont la seule annonce amène le préfet à rester dans son palais, de l'autre côté du Bosphore, sous le prétexte, déjà familier aux hommes publics, d'une indisposition subite.

Le dimanche 30 juin 446, lorsqu'il descend dans la tombe, Hypace occupe le premier rang parmi les moines de Constantinople. A la mort de saint Dalmate, sa dignité est passée officiellement à Faustus, mais c'est le supérieur de Rufinianes que tous considèrent comme leur père. Son grand âge, son éminente sainteté, lui assurent cette place à part. L'estime de tous lui est également acquise à la cour. Les trois sœurs de Théodose II menacent un jour de forcer la porte de son couvent, s'il ne consent lui-même à venir auprès d'elles dans le palais rufinien. Théodose II, non content de le visiter, se fait un devoir de lui adresser des lettres fréquentes.

Au lendemain du IVᵉ concile œcuménique, le monastère de Rufinianes offrait l'hospitalité au grand solitaire saint Auxence. Saint Sabas, le roi des anachorètes palestiniens, y passait un hiver en 512, lors de son premier voyage à Constantinople. Un saint Jean très inconnu y vivait, on ne sait à quelle date, soit avant, soit après le passage des barbares, qui portèrent le fer et le feu sous les murs de Chalcédoine au premier quart du vıᵉ et du vııᵉ siècle. Aucun document ne dit si les ruines ainsi amoncelées sous Justinien et sous Héraclius trouvèrent de bonne heure un restaurateur. Théophylacte mérita ce titre vers 950.

Qu'il réparât le mal accompli par les invasions ou simplement les injures des siècles postérieurs, ce patriarche hippomane n'en reconstruisit pas moins les cellules de Rufinianes, et, grâce à lui, des moines continuèrent longtemps encore à vivre sur le tombeau de saint Hypace. L'histoire, qui n'a pas conservé la date de leur disparition, les mentionne pour la dernière fois en 1236.

Mais nous voici très loin du v⁰ siècle et des origines du monachisme byzantin. Nous y revenons avec Alexandre, l'instituteur du *Laus perennis* et le premier archimandrite des moines qui allaient s'appeler Acémètes.

### C. *Monastère des Acémètes.*

Alexandre voit le jour au milieu du iv⁰ siècle, probablement dans une des îles qui ceignent la côte asiatique, de Ténédos à Rhodes. A Constantinople, où il se rend jeune encore, l'étude et le service de l'État occupent les années de son adolescence et de sa jeunesse. La plus grande partie de sa vie se passe aux environs d'Antioche ou sur les frontières orientales de l'empire, tantôt dans le calme, pour lui relatif, des pratiques monacales, tantôt dans la féconde agitation de l'apostolat. Sous Théodose II, son humeur inquiète le ramène à Constantinople. Là-bas, dans la Syrie comme entre les deux fleuves, il n'a rien trouvé qui satisfît pleinement son idéal de perfection, rien qui répondît complètement à sa manière d'entendre l'Évangile et ses conseils. Ici, dans la capitale, il compte mener à bonne fin la réforme dont une exégèse étroite et peu éclairée lui a déjà inspiré de jeter les fondements.

Il arrive escorté de Syriens gagnés à ses idées, et s'établit avec eux près de l'église Saint-Ménas. Dans ce quartier général, les rangs de ses disciples ne tardent pas à grossir. « Priez sans cesse, » a dit le Sauveur; « priez sans cesse, » répète Alexandre, et les moines ignorants désertent leurs communautés respectives pour se rendre à ses côtés, heureux de tendre ainsi vers une perfection plus haute et de fuir, au sein d'une prière ininterrompue, les distractions du travail. Un beau jour, il se trouve à la tête de cent, peut-être même de trois cents moines.

Aussitôt Constantinople s'émeut. Les grands ne veulent pas d'un novateur qui trouble les facilités de leur vie par ses critiques parfois excessives; les archimandrites ne veulent pas d'un collègue qui dépeuple leurs couvents et sème l'inquiétude dans les esprits; l'autorité ecclésiastique ne veut pas d'un homme dont les doctrines outrées rappellent de si près celles des Euchites. Tout le monde conspire à chasser l'importun.

Le pays d'où il vient est précisément celui où les Euchites ont pris naissance, et c'est même pour cela que ces hérétiques sont plus connus sous le nom syriaque de Messaliens. On ne l'ignore pas dans la capitale. Plusieurs évêques, réunis en synode, somment Alexandre de comparaître à leur barre : Alexandre est entendu, jugé, condamné. A quelle date assigner ce fâcheux événement? L'histoire ne le dit pas d'une manière positive, mais toutes les vraisemblances indiquent l'année 426. En 426, Théodote d'Antioche est de passage à Constantinople, et ce Théodote a jadis expulsé de sa ville patriarcale l'archimandrite brouillon. En 426, le sacre de Sisinnius attire à Constantinople de nombreux prélats, et ces prélats écrivent à l'épiscopat de Pamphylie une lettre sévère contre les Messaliens [1]. Ne seraient-ils pas les membres du tribunal qui frappa le novateur?

Aussitôt la sentence portée, les persécutions redoublent contre Alexandre. Les disciples qu'il s'est faits à Constantinople reçoivent l'ordre de réintégrer leurs anciens monastères. Ses premiers compagnons sont réduits à reprendre avec lui le chemin de la Syrie. Ils font leur première halte à une heure de Chalcédoine, dans la basilique des saints Pierre et Paul. L'évêque se fâche. Il suppose peut-être que le proscrit veut donner à tous ses moines le temps de le rejoindre, et, dans un moment de colère doublée d'un accès de servilité, il envoie la populace de sa ville jeter les fugitifs hors de l'Apostolæum.

Les malheureux sont battus sans pitié. Leur maître, plus spécialement roué de coups, n'a plus la force de se tenir sur ses jambes et de faire un pas. On est obligé de le porter. C'est ainsi qu'il atteint, au bout de quelques minutes, le couvent de Rufinianes. Saint Hypace est là, debout sur le seuil de son monastère. Il arrête les persécutés au passage et les force à chercher

1 *Photii Biblioth.* cod. 52. Ed. Bekker, Berlin, 1824, p. 13.

un refuge chez lui. L'évêque en est informé et ne se tient plus de fureur. Après un message conçu en termes impérieux et rempli de menaces, mais resté sans résultat, il envoie de nouveau une foule de gens avec ordre de chasser tout ensemble saint Hypace et son hôte. Les chasser n'est point chose facile : les paysans de l'endroit aiment leur higoumène à la folie, ils brûlent de tomber à bras raccourci sur les envoyés de l'évêque. « Un mot, disent-ils, et nous vous débarrassons de tout ce monde-là. — Laissez faire, mes enfants, répond le saint abbé ; Dieu arrangera les choses. » Et de fait, voici un officier qui arrive au galop de la villa impériale. « Un homme qui écrive, clame-t-il, et du papier ! Donnez-moi vos noms ; la basilissa veut savoir quels sont les individus qui molestent ainsi les serviteurs de Dieu. » Il n'en faut pas davantage : c'est à qui, dans cette foule, s'éclipsera le premier ; c'est à qui se cachera le visage pour n'être pas reconnu. En moins d'une seconde les abords du monastère sont déblayés.

Inutile d'ajouter que l'évêque laisse pour le quart d'heure Rufinianes en repos ; il ne lui vient nulle envie d'entrer en lutte avec la puissante Augusta. Celle-ci, d'ailleurs, que ce soit Pulchérie ou sa belle-sœur, ne souffrirait pas une seconde attaque ; par son ordre, un piquet de soldats monte la garde auprès du monastère et y restera tout le temps voulu. L'archimandrite a donc les mains libres : il refait ses hôtes, soigne leurs blessures et les garde jusqu'à guérison complète.

Entre temps, l'intervention d'Hypace et la protection de la basilissa ont créé un courant de sympathies en faveur du persécuté. Alexandre rétabli n'a plus à continuer sa route vers l'Orient. S'il n'entre pas de nouveau à Constantinople, s'il ne se fixe pas aux portes mêmes de Chalcédoine, il peut du moins s'établir à Gomon, sur les bords de la mer Noire, tout au nord du Bosphore. C'est là qu'il termine, quelque temps après, une vie très vertueuse, mais trop agitée pour être offerte en exemple ou à l'admiration.

L'Église elle-même semble en avoir jugé de la sorte : elle n'a jamais décerné de culte public à l'archimandrite Alexandre. « C'est pourquoi, dirai-je avec Tillemont, je ne sçay si Bollandus a eu assez de raison de luy donner absolument le titre de saint, contre la profession qu'il fait souvent de ne le donner qu'à ceux qui sont honorez publiquement dans l'Église. Et il avoit encore d'autres raisons de ne le point faire [1]. »

Pour sa part, saint Nil n'a jamais pensé à le canoniser. Lorsqu'il veut nommer les deux chefs de l'hérésie messalienne, il place au premier rang Adelphe de Mésopotamie, mais il réserve le second à « cet Alexandre qui a quelque temps troublé Constantinople [2]. » La condamnation synodale portée contre lui, son expulsion de la capitale, le grand nombre de ses ennemis, ne sont point de nature non plus à faire considérer comme apocryphes les traits de mauvais caractère consignés dans sa Vie. Par ailleurs, bien des considérations, et l'amitié de saint Hypace en premier lieu, parlent très haut en sa faveur. Il ne faut pas oublier, quel qu'ait été en certaines circonstances le mobile des vocations suscitées par lui, que l'Église lui doit plusieurs générations d'Acémètes fervents, et par-dessus tout l'illustre religieux que fut saint Marcel. Dans le synaxaire de ce dernier, Alexandre apparait avec le titre de saint; dans sa Vie, les vertus du maître sont l'objet des plus grands éloges. A défaut de culte public accepté par l'autorité ecclésiastique, les religieux de Gomon vénérèrent les restes de leur père comme des reliques; ils les transportèrent avec eux lorsqu'il leur fallut se rapprocher de Constantinople, et partout, dans le second comme dans le premier site du monastère, il se produisit des miracles éclatants.

Telle fut, d'après les anciens documents [3], l'action d'Alexandre dans la capitale et aux environs. Qui désirerait connaitre plus en détail la première partie de sa carrière trouverait de nombreux renseignements dans les Bollandistes [4] et surtout dans Tillemont [5]. Il suffisait d'exposer ici les seules années de sa vie écoulées aux rives du Bosphore.

Mais quelle est au juste la nouvelle discipline introduite par

---

[1] *Hist. Eccl.*, XII, 491. Trois ouvrages liturgiques slaves mentionnent pourtant le moine Alexandre, soit au 23 février, soit au 3 juillet. Un d'eux l'appelle fondateur des Acémètes. Un autre lui consacre, en guise de synaxaire, une notice qui met le comble à ses inexactitudes en creusant le tombeau d'Alexandre dans la Phénicie. Cf. J. Martinov, *Annus ecclesiasticus graeco-slavicus*. Bruxellis, 1863, p. 78.

[2] *De volunt. paupertate*, XXI. Migne, *P. G.*, t. LXXIX, col. 997 a.

[3] *Vit. S. Alexandri*, *Acta SS.* januarii, II, 300. — *Vit. S. Marcelli*. Migne, *P. G.*, t. CXVI, col. 715. — Callinique, *op. cit.*, p. 82-84.

[4] *L. c.*

[5] *Hist. Eccl.*, XII, 390.

lui dans les pratiques monacales? Ses efforts semblent avoir porté de préférence sur une observance plus stricte de la pauvreté volontaire et sur une réalisation plus complète de la prière continuelle. Son biographe nous fournit, relativement à ce dernier point, une foule de renseignements incompréhensibles et contradictoires. Ce n'est pas chez lui d'ailleurs que l'on peut s'initier à la manière de vivre particulière aux Acémètes. Pour l'étudier telle qu'elle fut, il faut attendre que l'expérience de quelques années et le sens plus rassis des archimandrites Jean et Marcel aient laissé tomber en désuétude ce que la réaction de leur maître contenait d'impraticable et d'exagéré.

J'ai nommé Jean; c'est lui qui hérita d'Alexandre. Son administration ne fut pas de longue durée; mais un événement la signala dont les conséquences ne peuvent échapper à quiconque n'ignore ni la topographie du Bosphore, ni jusqu'où s'étend la zone que la capitale a toujours enveloppée dans sa vie et son mouvement. Perdu à l'extrémité du canal, sur les rives mal exposées de la mer Noire, Gomon se trouvait, pour ainsi dire, au bout du monde. Jean s'aperçut de son isolement. Qu'il prévit ou non les destinées futures de sa famille religieuse, il résolut de lui procurer une résidence où les relations avec l'extérieur fussent plus faciles, et c'est par là surtout qu'il permit aux siens de se jeter un jour dans les querelles théologiques de leur temps et d'y jouer leur rôle. S'il les avait tenus confinés à Gomon, le nom des Acémètes n'aurait jamais brillé d'un si vif éclat.

La générosité d'un certain Philothéos ouvrit aux disciples d'Alexandre l'asile que rêvait pour eux leur supérieur. C'était un site gracieux du Moyen-Bosphore, un charmant petit coin de la rive asiatique. En face, la baie de Sosthène échancrait la côte d'Europe, exprès, semblait-il, pour offrir à l'église de l'archange Michel le miroir de ses eaux mollement endormies. Plus ombreuse et plus solitaire, la propriété de Philothéos promettait le calme des jours et la fraîcheur des nuits. Son nom même annonçait la paix : elle s'appelait Irénæon.

Jean s'y établit avec les restes mortels de son prédécesseur et tous les membres de sa communauté. La prière continuelle y commença dès le premier jour, et tandis que les échos de Gomon redevenaient à jamais silencieux, ceux de l'Irénæon apprirent à répéter le murmure ininterrompu de la psalmodie. Ainsi débuta le monastère des Acémètes.

On connaît son emplacement exact : il est marqué par les ruines que renferme encore aujourd'hui le domaine de S. E. Munif-pacha à Tchiboukli. Comme il fait bon s'y rendre, après quinze siècles écoulés, soit pour écouter un instant le bruit des offices lointains, soit pour redire quelques-uns des psaumes si familiers aux moines disparus ! La grande ombre de l'higoumène Marcel paraît encore s'y dresser de toute sa hauteur.

Marcel a vécu ici une longue carrière, en communion avec les plus saints personnages de son temps, à la tête de religieux désormais acceptés de l'Église. Par son influence et sa vertu, il a pris le pas sur les deux premiers directeurs de son institut. Beaucoup l'en ont regardé comme le père. Si le nom de Jean a souffert de l'oubli au point de se transformer en Jacques dans un synaxaire des Ménées [1], celui de Marcel, au contraire, s'est imposé si fort à la mémoire de la postérité, que tel auteur n'a pas craint de lui attribuer toute l'œuvre même de ses devanciers [2].

C'est que, pour dire vrai, la meilleure part lui revient de cette œuvre. S'il ne l'a point conçue, s'il ne l'a même pas inaugurée, il est du moins le premier qui lui ait mis au front l'auréole d'une sainteté universellement reconnue, et qui lui ait valu de paraître pure de tout soupçon d'hérésie aux yeux jusque-là mal impressionnés de l'Église. Alexandre était mort discuté ; Jean n'avait pas eu la durée ; Marcel, lui, ne devait s'éteindre qu'après quarante ans environ d'higouménat. Rien d'étonnant que sa vertu ait mis à profit de si longues années pour faire une institution pleinement catholique d'une institution à demi messalienne dans son origine.

Arrêtons-nous quelques secondes parmi les religieux de Marcel et voyons leur genre de vie. Il se distingue à première vue des pratiques en usage dans les autres couvents. Là, tout le temps ravi aux nécessités corporelles est partagé entre la prière et le travail ; ici, la prière seule constitue la grande occupation du moine. Entre deux soleils, chaque frère passe au chœur en

---

[1] Synaxaire de saint Marcel, 29 décembre.
[2] Nicéph. Call., *Hist. Eccl.*, XV, 23. Migne, *P. G.*, t. CXLVII, col. 68 b.

deux ou trois fois huit heures complètes. La communauté, divisée en trois groupes, s'y succède sans interruption. Pas un instant du jour, pas un instant de la nuit où les accents du psautier ne montent vers le ciel. C'est le *laus perennis* qui règne.

Le *laus perennis*, voilà peut-être la seule chose qui demeure des réformes tentées par Alexandre. Ses disciples se conforment pour tout le reste aux pratiques suivies ailleurs. Leur pauvreté toutefois semble plus austère, au moins dans les débuts. Avec le temps, elle revêtira sans doute les formes communes. Un jour viendra, dans tous les cas, où les essaims monastiques demandés à saint Marcel lui-même s'accommoderont fort bien de maisons richement dotées, comme celle de Studius, par exemple.

La prière seule, ai-je dit, constitue la grande occupation de l'Acémète. Il ne faut pas en conclure qu'il laisse le travail absolument de côté. La croisade prêchée par Alexandre contre les œuvres manuelles a soulevé trop de critiques pour que ses disciples, une fois passée la première effervescence de la réaction, ne se hâtent pas de rentrer plus ou moins dans les voies ordinaires. Ils connaissent les paroles sévères de saint Nil : « N'ouvrons pas la porte à la paresse, ne cachons pas notre répugnance pour le travail sous le prétexte de prier sans interruption. A des jeunes gens, à des hommes dans la force de l'âge, chez lesquels la vie est exubérante, il faut des fatigues qui les matent, des labeurs pénibles qui les domptent. Leur supprimer toute besogne, c'est lâcher la bride à leurs passions, c'est leur donner des loisirs pour se livrer à des pensées étrangères. Un beau jour, avec ce régime, leur prétendue prière s'envole au vent et tout est perdu [1]. » Ces reproches, venus du Sinaï et qui visent directement leur père, ne peuvent laisser les disciples d'Alexandre complètement indifférents. Ils en font leur profit, et le travail, sans être mis chez eux sur le même pied que la prière, n'en pénètre pas moins dans les espaces de temps laissés libres entre les offices.

Au *laus perennis*, à cette caractéristique de leur règle, les ascètes de l'Irénæon doivent le nom qu'ils s'apprêtent à rendre célèbre. On les appelle *Acémètes*, c'est-à-dire *hommes sans sommeil*. Non pas qu'ils se refusent, comme on l'a dit, le repos ab-

---

[1] *De voluntaria paupertate*, l. c.

solument nécessaire ; mais il est toujours des gens qui veillent dans leurs murs, toujours une bonne partie de la communauté qui se trouve sur pied, et cela suffit à justifier l'appellation. Cette appellation se fait jour sous le gouvernement de l'higoumène Jean. C'est de par sa volonté que l'établissement fondé à l'Irénæon s'intitule monastère des Acémètes.

Revenons à son histoire. Sous le supériorat de saint Marcel, cette histoire se confond avec celle de l'illustre higoumène. Sa maison tout entière participe alors au renom de sainteté que les vertus et les miracles ont acquis à son chef. De partout l'on s'adresse à elle, lorsqu'il s'agit d'établir de nouveaux couvents. A l'appel des uns et des autres, les Acémètes se dispersent aux quatre coins du ciel, apportant partout avec eux, sinon leur règle dans toute sa rigidité, du moins un principe de régularité plus grande et de ferveur plus soutenue. C'est par douzaines, si l'on en croit les biographes d'Alexandre et de Marcel, que les fondateurs de cloîtres réclament leur concours. Ces fondateurs, on aimerait fort à les connaître ; mais personne encore n'a daigné nous léguer leurs noms. Studius est le seul que les auteurs anciens n'aient pas oublié de nous signaler.

De Studius je ne dois rien dire. Son monastère, fondé en 463, échappe aux limites de cet article par la date même de sa fondation. Voici d'ailleurs saint Jean le Calybite qui sollicite notre curiosité. Ce personnage occupe dans l'hagiographie grecque la même place que saint Alexis dans l'hagiographie latine, une place nébuleuse et mal affermie. Si les deux noms ne cachent pas une seule et même existence, le saint de Constantinople semble tenir l'avantage sur le saint de Rome, car on s'accorde plus facilement à reconnaître qu'il a réellement vécu. A quelle date ? Peut-être sous le règne de Théodose II et l'higouménat de saint Marcel, mais rien n'est moins sûr [1]. Quoi qu'il en soit, tous ceux qui parlent de lui, ses deux biographes [2], Nicéphore Calliste [3] et les Ménées [4], le conduisent prendre l'habit au monastère des Acémètes.

Un jour, à ce monastère des Acémètes, le richissime Phare-

---

[1] Cf. Tillemont, *Hist. Eccl.*, XVI, 56, contre les *Acta SS.*
[2] *Acta Sanctorum*, januarii II, 243.
[3] *Hist. Eccl.*, XV, 23. Migne, *P. G.*, t. CXLVII, col. 68 b.
[4] 15 janvier.

trios apporta sa fortune, sa personne et ses enfants. La famille entière se fit religieuse ; son or servit à bâtir une église plus vaste, plus en rapport avec le nombre des moines et le but spécialement liturgique de l'institut. Son or servit également à réparer les anciennes bâtisses de Philothéos, à construire de nouvelles cellules pour les frères, une hôtellerie pour les étrangers, un hôpital pour les malades. Ainsi remis à neuf et agrandi, le couvent de Marcel offrait toutes sortes de facilités à la vie régulière : ses moines, dont rien ne venait gêner la ferveur, attiraient sur eux l'attention du monde entier. Les reliques du saint martyr Ursinique reposaient au milieu d'eux.

Le Syrien Sergius se rendait à leur établissement pour une simple visite, lorsqu'on lui montra de sa barque la colonne de saint Daniel debout sur la rive européenne du Bosphore Sergius comptait, comme Daniel lui-même, parmi les disciples du grand Siméon. Il venait de recueillir son dernier soupir et il apportait une de ses reliques à Constantinople. Pour lui, cette rencontre d'un nouveau Stylite répara la perte qu'il avait faite en Siméon : il choisit Daniel pour maître spirituel et vécut désormais à ses côtés. Ceci avait lieu vers 460.

Depuis quelques années déjà, un autre Syrien s'était occupé de Marcel. Théodoret de Cyr, c'est de lui qu'il s'agit, aurait pu le connaître au mois d'août 431, lorsqu'il vint plaider à Chalcédoine contre saint Cyrille et le concile d'Éphèse, si la mauvaise cause qu'il défendait alors n'avait éloigné de lui tous les moines de la capitale et des environs. Accusé plus tard d'une manière peut-être injuste, il trouva dans le supérieur des Acémètes un puissant avocat, et l'on conserve encore deux lettres qu'il prit soin de lui adresser [1].

Le nom d'un Marcel figure, avec le titre de prêtre, parmi les signatures monastiques apposées en 448 à la condamnation d'Eutychès, et en 451 à la requête contre Eutychès. Il paraît difficile, bien qu'on ne relate nulle part son ordination sacerdotale, de ne pas penser ici à l'archimandrite des Acémètes.

Celui-ci joue son rôle principal aux dernières années de sa carrière, alors que les vétérans de la vie monastique, les Dalmate et les Hypace, ont quitté la scène. Constantinople lui doit

---

[1] Lettres 141 et 142. Migne, *P. G.*, t. LXXXIII, col. 1365.

l'arrêt de l'incendie qui menace de la dévorer le 2 septembre 465. L'Église et l'empire lui doivent d'échapper à la famille arienne d'Aspar. Ardabur, consul en 447 et chef de cette maison, éprouve pour commencer que le couvent des Acémètes est un de ces lieux dont on ne saurait forcer l'entrée pour s'y venger d'un malheureux. En 468, Léon I^er, en quête d'un successeur, jette les yeux sur Fl. Patrice qu'il a, neuf ans auparavant, honoré des faisceaux consulaires. Patrice, fils d'Aspar et petit-fils d'Ardabur, professe l'arianisme comme tous les siens. A la nouvelle de son élévation prochaine, la capitale s'agite. Marcel dirige le mouvement. Il se rend au palais escorté des foules catholiques, et, séance tenante, obtient de l'empereur que la dignité de César ne sera pas conférée à son candidat avant que celui-ci rompe avec l'hérésie. Il prédit peu après la ruine complète de cette famille intrigante, et la prophétie ne se réalise que trop dès 471.

A cette dernière date, Pierre Foulon, chassé du siège d'Antioche, qu'il avait usurpé, venait chercher un refuge dans le monastère des Acémètes [1]. On s'explique difficilement la bienveillance des moines à son égard. Avant d'exercer les fonctions sacerdotales dans l'église Sainte-Bassa, martyre, à Chalcédoine [2], et de partir pour la capitale de la Syrie, il avait passé quelques années dans leurs rangs [3]. C'est par là sans doute qu'il faut excuser l'accueil dont il fut l'objet de leur part : ces moines, qui l'avaient chassé une première fois de chez eux, le croyaient revenu à de meilleurs sentiments et dégoûté pour toujours des grandeurs humaines. Ils eurent lieu de regretter leur indulgence le jour où la faveur impériale permit à Pierre de quitter sa retraite [4] et de courir exciter de nouveaux troubles dans l'Église.

Leur rôle est plus beau durant le schisme acacien. L'archimandrite Cyrille, successeur peut-être immédiat de saint Marcel, s'y montre le défenseur le plus convaincu du Saint-Siège. C'est lui qui dès la première heure, en 483, dirige la résistance contre le patriarche révolté, lui qui écrit au pape, lui qui envoie ses

---

[1] Théoph., *Chronograph.* Migne, *P. G.,* t. CVIII, col. 301 b.
[2] Théodore lecteur, l. Migne, *P. G.,* t. LXXXVI, col. 176 a.
[3] Alexandri Monachi, *Laudatio in Apost. Burnabam.* Migne, *P. G.,* t. LXXXVII, pars III, col. 4089 c. d.
[4] Id., col. 180 b.

moines à Rome [1]. Si l'on en croyait Zacharie le Rhéteur et Libérat diacre, quelques-uns des siens auraient poussé l'audace jusqu'à notifier publiquement au prélat la sentence d'excommunication portée contre lui, mais ici Zacharie et Libérat se trompent, et, d'après des sources plus sûres [2], tout l'honneur de cet acte audacieux revient au monastère de Saint-Dius.

En dehors de Cyrille, nous connaissons parmi les Acémètes : le moine Siméon, qui fit le voyage de Rome pour éclairer saint Simplicius ou plutôt saint Félix II [3]; l'archimandrite Evethius, qui signe parmi les dignitaires religieux en 518; le moine Jean, qui monte sur le siège patriarcal de Jérusalem à la mort de Macaire, vers 574 [4]. Le synode tenu en 536 sous le patriarche Ménas mentionne également le monastère des Acémètes, et l'on sait que sa bibliothèque possédait, rangées cinquante par cinquante, les deux mille lettres de saint Isidore de Péluse [5].

Tels sont, résumés en quelques pages et sans entrer dans le détail des querelles origénistes, les fastes d'une maison très illustre en son temps, mais dont le bon renom ne tarda pas à s'évanouir. Elle survécut de longs siècles à l'époque de son influence. Maxime, nommé patriarche de Constantinople le 3 juin 1215, alors que la cour grecque était à Nicée. Maxime avait rempli, avant l'occupation latine, les fonctions d'higoumène des Acémètes [6]. L'histoire du monastère s'arrête sur le nom de ce prélat mal famé [7] : on préférerait, pour terminer, un personnage qui rappelât davantage les vertus de saint Marcel.

---

[1] Evagre, *Hist. Eccl.*, III, 18-21. Migne, *P. G.*, t. LXXXVI, col. 2636 *b*, 2637 *b*, c. 2640 *a*.

[2] Basile de Cilicie, cité par Nicéph. Call., *Hist. Eccl.*, XVI. 17. Migne, *P. G.*, t. CXLVII, col. 152 *a*. — Théophane, *Chronogr.* Migne, *P. G.*, t. CVIII, col. 324 *b*.

[3] Evagre, *Hist. Eccl.*, III. 21. Migne, *P. G.*, t. LXXXVI, col. 2640 *a*.

[4] *Ibid.*, V, 16. col. 2825 *a*.

[5] *Synodicon adv. tragoediam Irenaei.* Migne. *P. G.*, t. LXXXIV. col. 587 *b*.

[6] *Catalogues patriarcaux*, dans Banduri. *Imp. Orient.*, I, p. 170 *b*, 177 *b* et 182 *a*.

[7] Georges Acropolite. Migne, *P. G.*, t. CXL, col. 1033 *b*.

45